DIANLI XIANHUO SHICHANG LINGSHOU TAOCAN
YONGHU DIANFEI HESUAN

电力现货市场
零售套餐
用户电费核算

《电力现货市场零售套餐用户电费核算》编委会　编

中国电力出版社
CHINA ELECTRIC POWER PRESS

内 容 提 要

电力现货零售套餐用户电费核算是电力现货市场有序平稳运行的重要保障之一。本书通过丰富的案例，深入浅出地阐述了四种零售套餐的电量电费结算、偏差考核、违约金等各类费用的计算方法与流程。

本书共分 5 章，内容分别为：电力市场发展概况；山东省电力交易市场建设；电力零售市场发展；现货零售套餐业务结算体系；电力现货零售套餐计算案例。最后附有零售套餐样例和零售套餐合同模板。

本书内容翔实，案例丰富，可作为电力现货交易相关参与者的入门教材和工作参考手册。

图书在版编目（CIP）数据

电力现货市场零售套餐用户电费核算 /《电力现货市场零售套餐用户电费核算》编委会编. —北京：中国电力出版社，2022.12（2025.1重印）

ISBN 978-7-5198-6339-5

Ⅰ. ①电…　Ⅱ. ①电…　Ⅲ. ①用电管理–费用–中国　Ⅳ. ①F426.61

中国版本图书馆 CIP 数据核字（2022）第 009197 号

出版发行：中国电力出版社
地　　址：北京市东城区北京站西街 19 号（邮政编码 100005）
网　　址：http://www.cepp.sgcc.com.cn
责任编辑：杨　扬（y-y@sgcc.com.cn）
责任校对：黄　蓓　于　维
装帧设计：赵姗姗
责任印制：杨晓东

印　　刷：中国电力出版社有限公司
版　　次：2022 年 12 月第一版
印　　次：2025 年 1 月北京第三次印刷
开　　本：710 毫米×1000 毫米　16 开本
印　　张：11.75
字　　数：205 千字
定　　价：55.00 元

前言

2015 年 3 月，国家发展改革委、国家能源局发布《中共中央、国务院关于进一步深化电力体制改革的若干意见》（中发〔2015〕9 号），明确了“管住中间、放开两头”的改革思路，标志着新一轮电力体制改革大幕开启。随着电力体制改革全面深化，电力中长期交易规模不断扩大，亟待加快建立电力现货交易机制，形成市场化的电力电量平衡机制，构建中长期交易与现货交易相结合的电力市场体系，发挥市场在电力资源配置中的决定性作用。2017 年 8 月，南方（以广东起步）、蒙西、浙江、山东等 8 个地区被列为国家首批电力现货市场建设试点地区。

截至 2020 年底，全国首批 8 个现货市场试点网省已完成连续长周期结算试运行，运行效果良好，其他非试点省（自治区、直辖市）电力现货市场建设也在有序推进，电力现货市场即将开展常态化运行。电力现货零售套餐用户电费核算是电力现货市场有序平稳运行的重要保障之一，电力现货零售套餐用户电费构成与计算过程复杂，专业性强，对供电公司电费核算人员、售电公司与用电企业电费核算相关人员要求较高。

本书在《国家发展改革委办公厅、国家能源局综合司关于开展电力现货市场建设试点工作的通知》（发改办能源〔2017〕1453 号）、《山东省电力现货市场交易规则（试行）》《山东省电力零售市场交易规则（试行）》等文件指导下，对电力现货零售套餐电量电费结算进行详细说明。

第 1 章介绍电力市场发展概况。对电力市场构成、市场参与主体、国内外电力现货市场发展情况进行分析，总结现货市场建设经验。

第 2 章介绍山东省电力交易市场建设情况。梳理山东省电力市场化改革历程，总结电力市场特点及发展趋势，并对山东省电力中长期交易与现货交易发展情况进行深度分析。

第 3 章介绍电力零售市场发展概况。对零售市场、参与主体、交易方式等概念进行了普及，重点介绍固定类套餐、阶梯类套餐、市场费率类套餐、混合类套餐四种零售套餐的分类与特点。

第 4 章介绍现货零售套餐业务结算体系。详细介绍电力零售结算周期、结算原则、结算主体、结算流程及具体计算方法，并对电量电费退补管理、现货结算系统信息交互过程进行说明。

第 5 章介绍零售套餐电量电费构成与计算案例，分别针对目前在用的四种电力现货零售用户结算套餐，选取典型样例用户，利用真实数据进行计费过程与结果详细介绍，并对集团户特殊情况补充案例进行说明。

本书聚焦电力现货零售套餐电量电费构成与计算，通过丰富的案例，深入浅出地阐述了四种零售套餐的电量电费结算、偏差考核、违约金等各类费用的计算方法与流程，内容全面，实践性和应用性较强，可以作为电力现货交易相关参与者的入门教材和工作参考手册。

限于作者水平和经验，书中不足之处在所难免，敬请广大读者批评指正。

编　者

目录

1 电力市场发展概况

1.1 电力市场概述

电力市场包括广义和狭义两种含义。广义的电力市场是指电力生产、传输、使用和销售关系的总和。狭义的电力市场即指竞争性的电力市场，是电能生产者和使用者通过协商、竞价等方式就电能及其相关产品进行交易，通过市场竞争确定价格和数量的机制[1]。

与普通商品相比，电力商品具有其特殊的物理属性，主要表现在图 1－1 中的三个方面。

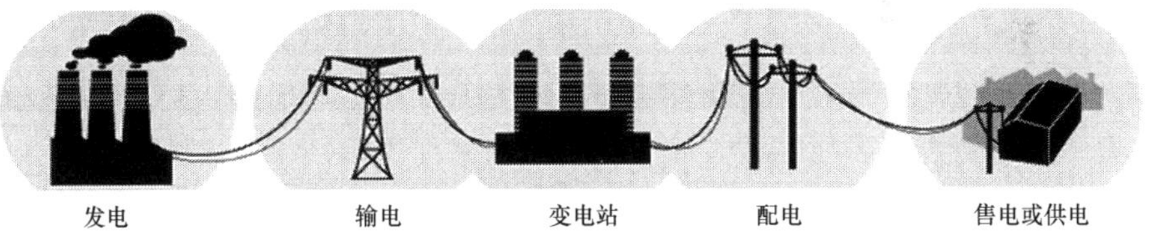

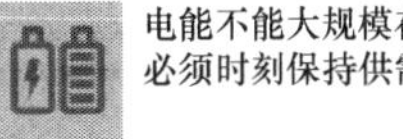

图 1－1　电力的特殊属性

这三个特性决定了电力市场设计与普通市场有显著差异。

1.2 电力市场类型

按照交易标的不同，电力市场化交易体系可以分为发电权交易市场、输电权交易市场、电能量交易市场和辅助服务市场[2]。

1.2.1 发电权交易市场

发电权交易是指以市场方式实现发电机组、发电厂之间电量替代的交易行为，也称替代发电交易[3]。发电权交易的电量包括各类合约电量，主要有“由高效环保机组替代低效、高污染火电机组发电”以及“由水电、核电等清洁能源发电机组替代火电机组发电”两类交易方式。新电改之后的发电权交易是指发电企业将优先发电合同、基数电量（合约）合同、直接交易合同、跨省跨区交易等合同电量，通过市场化方式转让给其他发电企业。自2008年国家电力监管委员会印发《发电权交易监管暂行办法》以来，电力监管派出机构会同政府有关部门制定发电权交易实施办法，推进区域和省级发电权交易。交易方式方面，以水火电发电权交易为例，火电企业出让电量的交易补偿价格由水电企业与火电企业协商确定，并由水电企业委托电网企业按交易补偿价格支付给火电企业。电网企业再按照已核定的水电上网电价扣除交易补偿价格后的价格与水电企业结算。

与其他类型电力市场相比，发电权市场主要有两个特点：① 交易双方均为发电企业，允许发电企业充当购电主体的角色，其他电能交易中，交易一方为发电企业（发电企业一般充当售电主体的角色），另一方为零售电公司或电力用户；② 在不考虑网损的前提下，交易前后系统内所有机组的发电份额之和保持不变，仅仅是发电份额在各机组间的分布发生变化。在其他电能交易中，往往是由发电企业针对系统负荷或系统负荷的增量开展竞争，交易后系统内所有机组的发电份额之和将发生变化。

在我国，发电权受各省经济和信息化委员会审批，有发电能力但无发电指标的电厂机组，需要购买发电权，一般以年度、季度、月度或星期来安排发电权交易。

1.2.2 电能量交易市场

电能量交易市场是以电能为交易标的，能有效促进发用电资源优化配置，反映电能量供求关系，形成价格信号[4]。按时间划分，分为中长期交易市场和现货交易市场，现货交易市场包括日前市场、日内市场和实时市场中的部分或全部（见图1－2）。

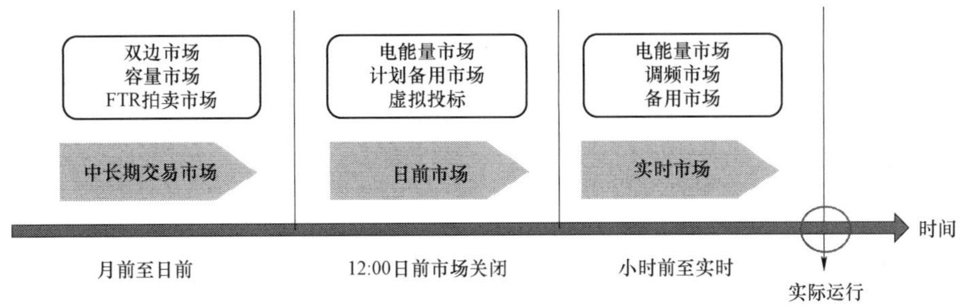

图 1-2 电能量市场

1.2.2.1 中长期交易市场

电力中长期交易指发电企业、电力用户、售电公司等市场主体，通过双边协商、集中交易等市场化方式，开展的多年、年、季、月、周、多日（主要是年、月、周交易）等电力批发交易[5]。

中长期市场的交易标的包括年度优先发电量和政府基数合约（燃煤机组基数电量）以及市场合约电量，执行政府定价的优先发电电量和分配给燃煤（气）机组的基数电量（二者统称为计划电量）视为厂网间双边交易电量，签订厂网间购售电合同。

按照交易方式的不同，电力中长期市场采用双边协商交易、集中竞价交易和挂牌交易相结合、常用曲线合约和自定义曲线合约相结合的交易方式，通过多次组织的年、月、周交易品种，实现中长期合约的灵活签订和调整，交易的电量合约作为结算依据。

（1）双边协商交易。双边协商交易是指市场主体之间自主协商交易电量（电力）、电价，形成双边协商交易初步意向后，经安全校核和相关方确认后形成的交易。

（2）集中竞价交易。集中竞价交易是指市场主体通过电力交易平台申报电量、电价，电力交易机构进行市场出清，经电力调度机构安全校核后，确定最终的成交对象、成交电量与成交价格等。

（3）挂牌交易。挂牌交易是指市场主体通过电力交易平台，将需求电量或可供电量的数量和价格等信息对外发布要约，由符合资格要求的另一方提出接受该要约的申请，经安全校核和相关方确认后形成的交易。

1.2.2.2 现货交易市场

现货市场是电力市场体系的重要环节，对于电力市场的开放、竞争、有序运行起到了基础性的支撑作用，也是协调市场交易与系统安全的关键所在。

现货市场通常专指商品即时物理交割的实时市场。考虑到电力商品交割的瞬时供需平衡特征，电力市场往往将现货市场的时间范围扩大到实时交割之前的数个小时乃至一日[6]。因此，本书讨论的电力现货市场，其时间范围包括系统实时运行日前一天至实时运行之间。电力现货市场一般采用统一出清的方式，由市场成员自愿参与申报，并对所形成的交易计划进行实物交割和结算。

1. 现货市场的重要意义

（1）发现价格，激励响应。发挥了市场价格形成的功能，可真实反映电力商品短期供需关系和时空价值，为有效的投资和发展提供真实的价格信号，引导发用电资源响应市场价格波动，提升电网调峰能力、缓解阻塞。

（2）促进竞争，优化配置。以集中出清的手段促进了电量交易充分竞争，实现了电力资源的高效、优化配置。

（3）落实交易，调节偏差。为市场成员提供了一个修正其中长期交易计划的平台，落实中长期合同交割与结算，以现货市场为核心的电力平衡机制调节发用电偏差，同时为中长期交易提供交割风向标，减少系统安全风险与交易的金融风险。

（4）保障运行，管理阻塞。形成与电力系统物理运行相适应、体现市场成员意愿的交易计划，为阻塞管理和辅助服务提供调节手段和经济信号，真实反映系统的阻塞成本，保证电网的安全运行。

（5）引导规划，量化决策。分区、节点电价能够有效引导源网的合理规划，为建设投资提供量化决策依据。

2. 现货市场的构成

现货市场的构成如图 1-3 所示，如前所述，现货市场一般包括日前市场、日内市场和实时市场 3 个部分中的部分或全部，3 个市场各有其不同的功能定位，三者相互协作、有序协调，构成一个完整的现货市场体系。

图 1-3　现货市场的构成

（1）日前市场。日前市场是现货市场中的主要交易平台，以日作为交易时间单元，提前量组织市场，使得市场成员能够比较准确地预测自身发电能力或用电需求，从而形成与系统运行情况相适应的、可执行的交易计划。日前市场往往采用集中竞价的交易方式，有利于促进市场的充分竞争，并发挥市场机制的价格形成功能。

（2）日内市场。日内市场的主要作用在于为市场成员提供一个在日前市场关闭后对其发用电计划进行微调的交易平台，以应对日内的各种预测偏差及非计划状况，其交易规模往往较小。而随着更多间歇性新能源的大量接入，增加了日内发电的不确定性。此时，日内市场则可以为新能源参与市场竞争提供机制上的支持。

（3）实时市场。实时市场则往往在小时前由调度中心组织实施，非常接近系统的实时运行，因而其主要作用并不在于电量交易，而是为电力系统的阻塞管理和辅助服务提供调节手段与经济信号，真实反映系统超短期的资源稀缺程度与阻塞程度，并形成与系统实际运行切合度高的发用电计划，保证电网的安全运行。

1.2.3 输电权交易市场

如今输电网络纵横交错，为跨地区电能交易提供了基础。然而，由于输电容量的限制，在跨地区电能交易过程中，可能会出现交易电能超过输电网络所能承受最大负荷的情况，称之为网络阻塞[7]。网络阻塞时输电网络的安全性会受到一定影响。为避免这种情况，需要电网运营商从中调解，其目标是在有限的输电容量情况下，保证在跨区域电能交易中，各市场参与者的利益最大化，且不影响输电网络的安全性。在欧洲，为保证输电网络安全，出现了“输电权”的概念，即市场参与者所拥有的跨区域输电容量权利。电网运营商在输电网络总输电容量允许的情况下，向市场参与者提供一定的输电权限，只有获取了一定输电权的市场参与者，才能在跨区域电能交易中输送一定量的电能。

在国外地区，电力市场化需求扩大导致了输电权市场的出现，在输电权市场中，电网运营商通过拍卖或竞价的方式向有需要的市场参与者提供一定的输电权。因此，输电权被设计为一种重要的电能交易产品，尤其在电能交易的日前和日内交易市场中，起着十分重要的作用。美国电力市场普遍建立了金融输电权（Financial Transmission Rights，FTR）机制，组织金融输电权拍卖，将阻塞盈余分配给金融输电权持有者，以对冲电网阻塞带来的风险。澳大利亚电力市场虽采用分区电价模型，但也建立了类似金融输电权交易的跨洲结余拍卖机制。

输电权交易市场与电能量交易配套，锁定合同电量所需传输能力，对冲现货市场阻塞风险。按照输电权获取有效时间，输电权交易分为年输电容量、月输电容量及时输电容量 3 种。

（1）年输电容量。年输电容量亦称为年输电权，市场参与者可以（但并不强制）全年跨区域输电。市场参与者通常可在年初的几个月，通过竞拍方式获得。

（2）月输电容量。月输电容量亦称为月输电权，市场参与者可以（但并不强制）整月跨区域输电。市场参与者通常可在月初的几周，通过竞拍方式获得。

（3）时输电容量。时输电容量亦称为时输电权，市场参与者可以（但并不强制）在给定的小时内跨区域输电。市场参与者通常可实时竞价获得。

目前英国、美国、澳大利亚等地区已经开展了输电权交易，国内各交易中心还尚未开展。

1.2.4 辅助服务交易市场

辅助服务（Ancillary Service）是指为维护电力系统的安全稳定运行，保证电能质量，除正常电能生产、输送、使用外，由发电企业、电网经营企业和电力用户提供的服务[8]，包括一次调频、自动发电控制（AGC）、调峰、无功调节、备用、黑启动服务等。

辅助服务市场与电能量市场是互相平行的两个概念，主要是通过市场化竞争确定调频、备用等辅助服务资源，保障电网安全稳定运行。辅助服务不是电能市场的附属物，也不能通过电价来回收成本，因此应专门建立有针对性的机制，确保辅助服务的有效供应与成本回收。另一方面，辅助服务市场与电能量市场又具有很强的耦合关系，因为两者可以由同一发电主体同时提供，而且两个市场应同时出清，才能揭示备用价格与电能之间的联系，两者联合优化达到总成本最小。

我国现行的辅助服务主要在发电环节，分为基本辅助服务和有偿辅助服务两大类。基本辅助服务是指为了保障电力系统安全稳定运行，保证电能质量，发电机组必须提供的辅助服务；有偿辅助服务是指并网发电厂在基本辅助服务之外所提供的辅助服务。其中，一次调频属于基本辅助服务，不进行经济补偿；自动发电控制（AGC）、有偿调峰、旋转备用等调频服务属于有偿辅助服务，基于成本进行经济补偿。

我国的电力辅助服务市场建设与电力市场化进程基本同步，早在 2009 年 5 月，京津唐电网根据华北区域辅助服务与并网考核实施细则，率先在全国建立了基于成本加合理收益的辅助服务交易机制，随后辅助服务交易陆续在华东地区等地开展。

1.3　电力市场参与主体

电力市场的参与者和利益相关方包括电力市场主体、电力市场运营机构和电力系统运行机构，如图 1－4 所示。

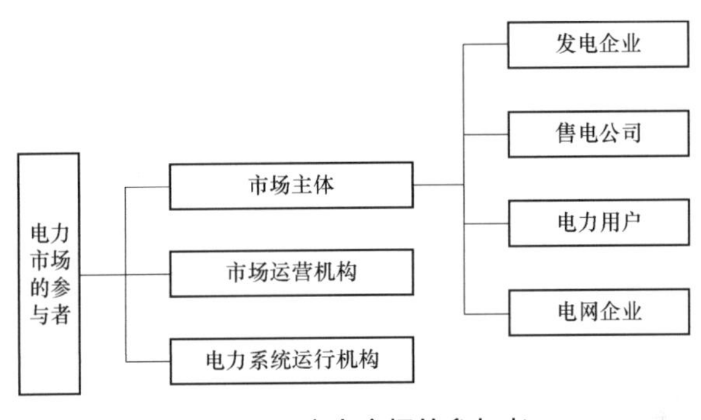

图 1－4　电力市场的参与者

（1）市场主体。市场主体是指符合电力市场准入规则的企业，作为参与电力市场竞争及运行的竞价实体，包括发电企业、售电公司、电力用户和电网企业。

（2）市场运营机构。市场运营机构是按照政府批准的章程和规则，构建保障交易公平的机制，为各类市场主体提供公平优质的交易服务，确保信息公开透明，促进交易规则完善和市场公平的机构，又称电力交易机构或电力交易中心。

（3）电力系统运行机构。电力系统运行机构是执行市场交易计划，负责电力系统运行调度及电力系统的实时平衡，保证电力系统安全稳定、经济运行的机构，又称电力系统调度机构。

符合准入条件且纳入省级政府目录（一般由各省的经济和信息化委或发展改革委负责资格审查）的售电企业、电力用户、发电企业须向电力交易机构申请注册，取得市场主体资格后，方可参与电力市场交易。申请注册的发电企业和拥有配电网的售电企业须取得电力业务许可证，符合技术条件的独立辅助服务供应商需向电力交易机构申请注册，取得市场主体资格后，方可参与辅助服务交易。不符合准入条件的电力用户、符合准入条件但未在电力交易机构注册的电力用户（非市场用户），由售电企业或电网经营企业代理开展交易，按售电企业约定价格或国家目录电价结算。

1.3.1 发电企业

以某省为例，2020 年发电企业参与电力市场交易的准入条件如下。

（1）依法取得发电项目核准或者备案文件，依法取得或者豁免电力业务许可证（发电类）。

（2）符合产业政策、安全生产和环保标准要求。

（3）并网自备电厂在公平承担发电企业社会责任、承担国家依法合规设立的政府性基金以及与产业政策相符合的政策性交叉补贴，取得电力业务许可证（发电类），达到能效、环保要求，可作为合格的市场主体参与市场交易。

（4）具备相应的计量能力或者替代技术手段，满足市场计量和结算要求。

（5）分布式发电企业符合分布式发电市场化交易试点规则要求。

参与电力市场交易的发电企业类型包括省直调火电厂、核电机组、新能源集中电厂、省外购电。

1.3.2 售电公司

售电公司准入条件按照国家对售电公司准入与退出有关规定执行，拥有配电网运营权的售电公司应当取得电力业务许可证（供电类）。

现阶段，电力批发交易主要是发电企业、售电公司、电力大用户等市场主体通过双边协商、集中竞价等方式开展的中长期电量交易，这个过程中，售电公司是作为买方参加交易。电力零售交易主要是售电企业与中小型终端电力用户（一般用户）开展的电力交易活动的总称，售电企业代理或汇总其售电量并参与电力批发交易，这个过程中，售电公司是作为卖方参加交易。从这一点可以看出，目前阶段，发电企业可以参加电力批发交易，但不可以参加零售交易，而售电公司两种交易都可以参加。

1.3.3 电力用户

电力用户分为市场用户和非市场用户，市场用户指参与电力市场化交易的电力用户，非市场用户指按政府定价或政府相关规定优先购电用户以及其他不参与市场化交易的电力用户。按照交易规模，电力用户还可以分为电力大用户和一般用户，电力大用户指进入直接交易目录的用电企业，一般用户指除电力大用户以外、允许进入市场的其他用电企业。

以某省为例，2020 年电力用户参与电力市场交易的准入条件如下。

（1）符合电网接入规范，满足电网安全技术要求，与电网企业签订正式供用电协议（合同）。

（2）经营性电力用户的发用电计划原则上全部放开，根据电力市场化改革情况，坚持规范有序的原则设定一段时间的过渡期。不符合国家产业政策的电力用户暂不参与市场化交易，产品和工艺属于淘汰类和限制类的电力用户严格执行现有差别电价政策。

（3）拥有燃煤自备电厂的用户应当按国家规定承担政府性基金及附加费、政策性交叉补贴。

（4）具备相应的计量能力或者替代技术手段，满足市场计量和结算的要求。

（5）符合省政府有关部门制定的其他准入条件，拥有自备电厂的用户应符合国家关于市场准入的规定。鼓励优先购电的电力用户自愿进入市场。

1.3.4 电网企业

电网企业服务市场化交易的权利和义务如下。

（1）保障电网及输配电设施的安全稳定运行。

（2）向市场主体提供公平的输配电服务和电网接入服务，提供报装、计量、抄表、收费等各类供电服务。

（3）服从电力调度机构的统一调度，建设、运行、维护和管理电网配套技术支持系统。

（4）按照电力企业信息披露和报送等有关规定披露和提供信息，向电力交易机构提供支撑市场化交易和市场服务所需的相关数据，按照国家网络安全有关规定实现与电力交易机构的数据交互。

（5）按规定收取输配电费（含交叉补贴、线损），代收、代付电费和政府性基金与附加费等，按时完成电费结算。

（6）按照交易机构出具的结算依据，承担市场主体的电费结算责任，保障交易电费资金安全。

（7）按政府定价或者政府相关规定向优先购电用户及其他不参与市场交易

的电力用户（以下统称“非市场用户”）提供供电服务，签订和履行相应的供用电合同，与发电企业签订和履行购售电合同。

（8）预测非市场用户的电力、电量需求。

（9）依法依规履行清洁能源消纳责任。

1.4 国外电力现货市场发展概况

从当前世界各国的电力市场建设实践看，尽管对于现货市场的重要性都有共识，但是在具体的构建方式上却存在着较大差异，从交易标的、交易体系、出清方式、物理模型、价格机制等方面有着截然不同的设计。下文将通过全面的比对分析，对电力现货市场建设的内在逻辑与关键问题进行深入探讨，从而为中国下一步的电力市场化改革提供有益的决策依据。

1.4.1 国外典型地区电力现货市场

1.4.1.1 美国

美国电力市场包括 PJM（Pennsylvania – New Jersey – Maryland）、加利福尼亚州、得克萨斯州、纽约州、新英格兰、中西部和西南电力库 7 个市场区域。现货市场主要有两个，分别是 PJM 现货市场和得克萨斯州现货市场[9]。

1. PJM 现货市场

PJM 运行的电力市场包括电力现货市场、容量市场、调频市场、备用市场和金融输电权市场。中长期双边交易由市场成员自行协商确定。电力金融交易则主要在纽约商业交易所和美国洲际交易所进行。

PJM 的现货市场由日前和实时两级市场构成，各级市场的交易标的均包括电能和辅助服务（备用与调频）。其中，日前市场实现了电能与备用的联合出清，市场成员可在 12:00 前进行投标，12:00 市场关闭，16:00 完成出清计算并公布交易结果。实时市场则实现了电能、备用与调频的联合出清，市场成员可于 16:00 – 18:00 之间对次日不同时段进行投标，市场将于次日实时运行前滚动出清。

PJM 现货市场采用“全电量优化”模式。在日前市场上，发电商需要申报其所有的发电资源与交易意愿，市场将其与全网的负荷需求进行匹配，通过出清计算形成发电商的日前交易计划，并按照日前的节点边际电价进行全额结算。因此，可以认为日前市场的交易量即为全网交易量的 100%。发电商对于其此前在中长期阶段所签订的双边交易与自供应（self-supply）合约可以在投标时进行标识，即此部分电量将在出清时保证交易；双边交易与自供应合约的结算由购售双方自行完成。以2019年为例，在日前市场“全电量优化”的交易“盘子”中，有72.0%的比例被标识为自供应合约，6.8%的比例被标识为双边交易合约，其余约21.2%的比例则由日前市场的交易出清确定。

实时市场同样采用“全电量优化”的模式，在实时运行之前，根据最新的预测与系统运行信息对全网的发电资源重新进行全局优化配置（基于日前封存的交易申报信息）。所形成的实时交易计划与日前交易计划将存在差异，对于此偏差部分的电量，将按照实时节点边际电价进行增量结算。一般地，实时市场交易量大概是日前市场的1%～2%。

PJM的日前市场与实时市场在进行出清计算时均精细化地考虑了实际的物理网络模型，并要求发电商申报其机组运行的物理参数，包括开停参数、额定容量、爬坡速率等。日前市场的交易出清本质上是一个电能、备用联合出清的安全约束机组组合（Security Constrained Unit Commitment，SCUC）问题，而实时市场的交易出清本质上则是一个考虑了电能、调频、备用资源相互耦合关系的安全约束经济调度（Security Constrained Economic Dispatch，SCED）问题。因此，现货市场的出清计算即可形成可执行性较好的发电计划，与实际运行的差异较小，有利于确保电网运行的安全性。

PJM的日前市场与实时市场均采用节点边际电价（Locational Marginal Price，LMP）机制，辅助服务则采取全网边际出清价格的定价机制，不区分节点差异。

PJM在现货市场上构建了体系完备的市场力抑制机制，以规避市场成员的投机交易行为，确保市场的有序竞争，具体包括事前的市场力检测与抑制机制，如三寡头测试（Three Pivotal Supplier，TPS）、基于成本的投标机制和资源短缺性限价等。

2. 美国得克萨斯州电力市场

美国得克萨斯州电力市场包括批发市场和零售市场，都已经发展得较为成熟。

（1）批发市场。批发市场可以分为集中竞价市场和双边协商市场。集中竞价市场又可细分为日前市场、实时市场和辅助服务市场等。参与集中竞价市场的主体称为授权计划实体（QSE），发售电公司和电力市场参与者均可申请授权成为QSE，小型发售电公司则可以寻求代理，以大型授权计划实体公司的交易经验来保证交易成功率，从而促进市场高效运行。双边协商市场主体则是发售电公司之间或者双方与从事电力批发买卖的电力市场参与者，各方在签订中长期合同的条件下，共同保证电力的长期稳定供应。

（2）零售市场。零售市场交易卖方主体可以为负荷服务商，买方为用户，非居民用户则可以寻求采购代理与负荷服务商洽谈电价与服务协议。采购代理在售电市场中可以同时代理多个用户，并与售电公司进行谈判，但其必须在得克萨斯州公用事业委员会登记注册，佣金标准对用户公开。得克萨斯州的输电服务由电力可靠性委员会（ERCOT）负责，分为几大输配电区域，由公共事业管理委员会和市场独立监管机构进行输配电费用的数据汇报和监控。

图 1－5 所示为得克萨斯州电力市场结构。

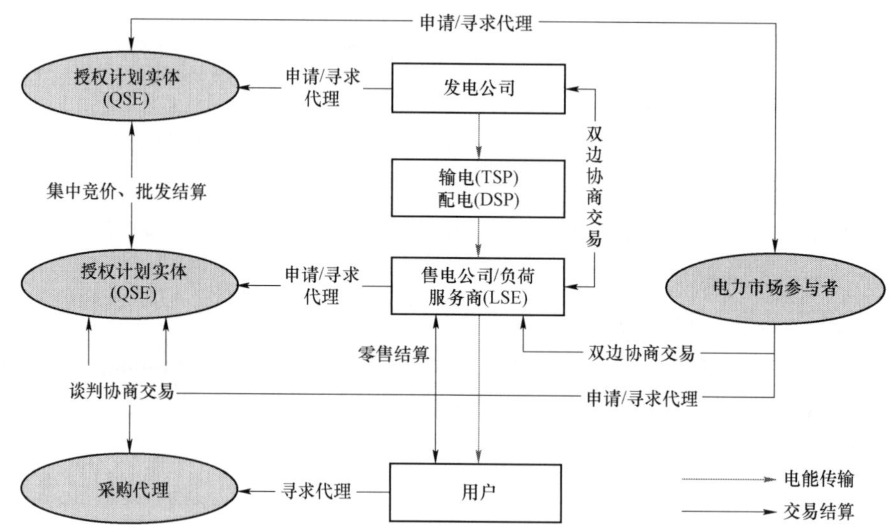

图 1－5　得克萨斯州电力市场结构

得克萨斯州售电公司面向得克萨斯州地区的零售用户开展电力营销业务，并购买批发电力，为用户提供电价比较，并指导用户购买到满意的电力套餐，还可提供输配电服务和其他相关服务。对于得克萨斯州电力用户而言，可以随时选择新的套餐服务或售电公司，当然如果违反了与当前售电公司签订的现有合同，可能会受到一定的处罚。而更换售电公司的流程很简单，只需联系下个计费周期，对新选择的售电公司下单即可。该公司会向新用户发送服务条款协议，用户收到 ERCOT 的邮件并确认更换请求以及新套餐的详细信息后，更换过程就将自动完成。ERCOT 会在新合同签订后自动通知用户的原售电公司，该用户已更换售电公司，用户无须与原售电公司联系。

按得克萨斯州公用事业委员会的要求，各售电公司提供的每个售电套餐都必须提供统一制式的电价标签，列有电价计算公式、合同期、取消费用、可再生能源比例等详细信息。计费周期一般为一个月，用户每月会收到月度账单。售电公司如果停止电力服务，其代理用户将自动切换到用户所在区域的保底电力供应商。公用事业委员会会指定得克萨斯州每个地区的保底电力服务供应商，以保证电力市场的运行，保底服务商的价格相对较高。

得克萨斯州电力套餐体系按定价模式可分为固定费率套餐、可变费率套餐和指数费率套餐 3 类。其中，固定费率套餐指合同期内的每度电价格固定不变，由售电公司承担电力市场价格变动风险，是售电套餐的主流产品；可变费率套餐是指根据由售电公司自行制定每月的可变费率，属于月度产品，用户可以随时切换，一般保持较低的费率才能吸引顾客，故不设置合同期，也没有取消费，但电价会按月浮动；指数费率也称为市场费率，费率直接与公开的指数定价公式相关联，如果指数上涨，月度费率也会上涨，指数套餐定价方式分为两类，一类是分时定价指数类，为不同时间段设计不同的电价类型，另一类是实时定价指数类，与批发市场价格挂钩，为根据供需情况定期变化的电价类型。

1.4.1.2 英国

1. 英国现货市场历程

英国的电力市场化开始于 1990 年，但电力交易在 2000 年之后才开始真正发展。英国现货市场由系统运营商英国国家电网公司（NGC）运行，所有参与市场的发电厂机组都必须向 NGC 进行投标，NGC 通过价格优势顺序进行投标叠加，构建相应的供应曲线，从而确定第二天的 48 个半小时单元的最优（发电成本最低）的发电组合，响应相应的需求预测。同时，现货市场根据每半个小时发电机组所报的最高价，确定相应的统一出清价格。消费者必须支付统一的价格，但是除了少部分大型的电力用户之外，绝大多数消费者并没有参与直接价格制定机制。

2000 年，英国首家独立的电力交易所 UKPX（现在的 APX power UK）成立，2001 年推出 APX UK 电力现货市场。在开始运作时，英国电力交易所（UKPX）仅提供期货合约（6 个月、3 个月、4～5 周、周和日）。2001 年 3 月，一个 24 小时的现货市场开始运作，半小时合约的交易量高达 0.5 万千瓦·时。从 10:15 PM 开始，从提前两天到交货前 4 小时进行交易。2002 年 4 月推出了小时（block hour）合约和日前（day－ahead）合约两款新产品，在交货前 4 小时可以进行交易。

小时交易合约覆盖日前合约以外的 4 小时，交易时间为 22:15，在相应的流动期前 3 天。日前合同可以作为基本负荷（每小时 1 兆瓦的恒流电力，23:00 到第二天晚上 23:00，每日）和峰值负荷（恒流每小时 1 兆瓦的电力，7:00～19:00，周一～周五）。这些合约在上市前两天的 10：15 PM 上市交易，所有合同的报价单位是英镑/（千瓦・时），最小单位为 0.01 英镑，现货合约是连续交易的。

2. 英国现货市场零售套餐体系

英国电力市场发电、输电、配电、售电各环节价格机制清晰、独立并受到严格监管，其中竞争最充分最激烈的当属售电侧。截至 2018 年底，英国拥有 59 家售电公司，其中前 6 大电力零售商所占市场份额超过 80%，同时也是英国前 6 大发电。除了 6 家大型供应商外，英国的电力零售商还包括 5 家中型供应商和其他小型供应商[10]。

英国零售电价套餐的定价模式为两部制电价和分时电价，销售电价结构包括容量费用和电量费用。通过市场调研的结果显示，过于复杂的电价机制以及缺乏合格的售电公司，都将大大影响市场中的竞争性。为此，英国售电公司提供的套餐合同方案以固定电价套餐和可变电价套餐为主，在每种模式下，售电公司又可以制定不同形式的电价。

随着售电市场的放开，靠低电价吸引用户占领市场，在短期内效果明显，但因发、输、配、售的成本所限，各售电商的价格基本趋于一致，所以对用户的服务水准、可靠性及供电质量，将是市场竞争和用户选择的首要条件。因此，不断改进用户服务的水准是长期的市场观念。目前，各售电商向用户提供了一系列新的服务，主要包括表计、电费查询、故障处理、电能质量服务。一些售电商还向用户免费提供多种咨询服务，如更换供电商、电费管理、电价形式选择等。

英国的电力零售供应商有很多家，用户一般可以在各电力公司网站获取相关的电费套餐信息，电力公司网站都免费提供与其他电力公司电价比较业务。但是为防止各电力公司网站的比价过于主观，不利于用户的客观选择，出现了一些第三方比价网站以方便用户获取电价套餐信息，如 The Energy Shop，Run path，Energy Helpline，U Switch 等，提供的服务包括给用户提供最适合的电价套餐建议以及提供关于每种价格套餐的详细信息等。在英国第三方比价网站 Energy helpline 中进行电价套餐的比选，首先输入用户邮编，接着输入用户电力消费信息，电费支付方式为每月直接扣款，用户信息输入完毕后，Energy helpline

会给出几十种电价套餐建议，用户可根据自身需求进行选取。

1.4.1.3 北欧

北欧电力市场主要包括中长期双边交易、日前市场、日内市场、实时平衡市场等。2008 年，北欧电力交易所（Nord Pool Spot）的电力金融交易职能被剥离，转由纳斯达克交易所负责组织。

北欧现货市场由日前市场、日内市场和平衡市场 3 个部分构成，其交易标的均为电能[11]。辅助服务的交易机制与英国大致相同，由各国输电运行机构（Transmission System Operator，TSO）负责购买，可通过签订双边合约或集中招标的方式实施。日前市场由北欧电力交易所负责组织，是一个基于双向匿名拍卖的集中式物理交易市场，于日前 12:00 闭市，在 13:00 向市场公布出清结果。日内市场同样由北欧电力交易所负责组织，市场成员可以在日内市场上进行持续滚动的物理电量交易，直到关闸之前结束（北欧各国的关闸时间不同，大致在实际运行的 1～2 小时之间）。

北欧电力市场同样开展了较大规模的中长期双边交易，主要以 OTC 的方式实施，所签订的双边交易需要在实际运行时进行物理交割。双边交易之外的电量则在现货市场上交易，主要集中于日前市场上，日内市场与平衡市场的交易量则相对较小。以 2019 年为例，日前市场、日内市场和平衡市场上的交易量分别占全网总用电量的 83.7%、0.8%和 1.1%。其中，平衡市场的交易量一向比较稳定，而日内市场的交易量则呈现着一定的增长趋势，这与近年来北欧地区风电等间歇性电源的快速发展不无关系。

北欧日前市场实现了跨国电力交易的统一出清，出清计算时考虑了不同价区（事先根据历史的阻塞情况划定）之间联络线的传输能力约束，而不考虑各个价区内部的网络拓扑关系。日内市场允许跨区交易，以利用价区之间联络线的剩余传输能力。平衡市场则由各国 TSO 负责，需要考虑各个控制区实际的网络约束与其他物理运行参数，并考虑与其相连接的联络线的运行条件。

北欧日前市场采取分区边际电价的价格机制，北欧电力交易所依据市场成员的投标信息，在不考虑网络约束的前提下，计算系统的无约束边际出清电价，即系统电价。当无约束出清发现区域间的传输阻塞时，则采取“市场分裂”的方式，在不违背阻塞约束的前提下分区计算各区的边际电价。日内市场则采取撮合定价的价格机制。市场成员提交其投标竞价信息，北欧电力交易所以“价格优先、时间优先”的原则进行撮合，即首先对负荷报高价者与发电报低价者进行撮合成交，报价相同时则按先到先得的原则撮合。TSO 在平衡市场阶段则将依据电量调整方向和报价高低对增减出力的投标分别进行排序，并依据费用最小的原则进行调度。被调用的电量将以区域的边际价格进行事后结算，分为上调边际价格和下调边际价格两个类别。

1.4.1.4 澳大利亚

澳大利亚的电力市场是全世界自由度最高的电力市场之一，其电力市场始建于 20 世纪 90 年代中期，是电力交易、发电调度以及有偿调频辅助服务、财务结算三位一体的电力市场与电力系统运营体系，是单一的全电网、全电量电力交易调度平台，以 24 小时为周期，以 5 分钟为时间节点滚动地实现电力供需平衡。澳大利亚国家电力市场已经运行了二十多年，在运行中，该电力市场不断地自我完善，目前已经成为一个竞争有效、公开透明、发展成熟的实时电力市场。

澳大利亚的国家电力市场（NEM）拥有 5 个交易区域，覆盖了包括新南威尔士州、首都直辖区、维多利亚州、昆士兰州、南澳大利亚州和塔斯马尼亚州等在内的广阔区域，约占澳大利亚全国用电量的 85%。NEM 运营整个电力库，负责整个区域每天 24 小时，每周 7 天的电力供应。交易区域之间通过高压输电网络连接，这些输电网络有足够的传输容量，以确保每个交易区域的电力批发价格在大部分时间内都保持在一个水平区间内。当传输容量不足时，不同区域的电力批发价格可能会差别很大[12]。

澳大利亚能源市场运营公司（AEMO）根据国家电力交易管理规则，负责 NEM 区域内的电力交易。澳大利亚的电力市场为 ISO 形式，调度交易为一体，均在 AEMO 的平台上进行，允许发电商与电力零售商或其他电力用户进行双边交易，但市场管理规则规定装机容量大于 50 兆瓦的发电商必须通过 AEMO 这个平台竞价将电力出售给电力库，零售商和大用户通过输配电网络按照市场价格从电力库购电，并由零售商将电力零售给终端用户。

AEMO 最主要的责任在于完成并维护以下几点。

（1）按照发电机组的申报价格，每 5 分钟平衡一次电力生产与需求，并根据发电方的报价确定该 5 分钟的调度价格。

（2）每 5 分钟一个调度价格，半小时即为 6 个调度价格。每半小时平均一次 6 个调度价格，从而决定每个地区每半个小时的电力现货价格。每 5 分钟的调度价格不是真正用于结算的电价。每半小时内 6 个 5 分钟出清价格的平均值才是半小时电量的结算价格。按半小时结算一次的技术原因是多数分时电表是 30 分钟读一次表数。

（3）澳大利亚国家电力法规定现货市场的最高价格（12 500 澳元）和最低价格（－1000 澳元），这种负电价允许发电机向用户支付一定的资金，从而保持机组的持续运行，因为综合考虑的话此时保持持续运行的成本低于电厂启停的成本。对于可再生能源发电机组来说，在这种情况下保持发电还可以获得更多来自补贴项目的资金补贴。

（4）AEMO 通过调频辅助服务市场来保证、管理电力市场的安全以及可靠。调频辅助服务保证了很多整个电力系统的关键因素，如频率、电压、电网负载、黑启动等，并且保证系统的供需平衡。

（5）市场的主要参与者为发电商和售电公司，也包括几个超大型的电力用户。

（6）市场参与者必须满足 AEMO 制定的所有行政和运营控制要求，还需要发布资金状况以满足 AEMO 为减轻市场违约风险所设定的要求。

1.4.2 国外现货市场的特点及启示

1.4.2.1 国外现货市场的特点

从体系架构上看，以上 4 个国家或地区分别建设了各具特色的现货市场体系，并与整个市场的顶层设计与构建理念紧密关联。市场运行的成功，在很大程度上得益于其构建理念与建设方案的适应性，并考虑了不同国家自身的资源禀赋与电网基础。

美国 PJM 现货市场的电力供需相对偏紧，电网阻塞程度相对较重，市场有一定的集中度，在局部地区与供需较紧张时刻，市场成员存在一定的动用市场力的空间，因此在现货市场构建中，需要重点关注其对于系统安全、供需平衡与市场平稳运行的保障。与之相对应的，美国 PJM 市场强调现货市场的资源优化配置功能，实施了日前市场的“全电量优化”，同时考虑了电能与备用、调频等辅助服务资源的统一优化，并采用节点电价机制，以实施并引导电网的阻塞管理。因此，美国 PJM 现货市场的交易量大，且需要在出清计算时细致地考虑电网的物理模型，确保所决策交易计划的可行性。

英国电力市场的电力供给则较为充足、调节能力较强，且电网阻塞程度相对较轻，市场交易的经济性与电网运行的安全性可相对解耦。因此，英国电力市场更重视电能商品在中长期市场上的流动性，现货市场的定位更多为提供一个集中的电能购买平台，并允许市场成员对已签订的交易计划进行偏差修正，交易量自然较小。为此，英国电力市场将辅助服务与电能的耦合关系剥离，现货市场只交易电能，电力调度机构则负责组织辅助服务。同时，为保证市场交易规则的透明易懂，日前的电子交易不考虑物理约束，也不进行安全校核，相关因素只在小时前的平衡机制中考虑。需要注意的是，近年来，由于英格兰与苏格兰之间的传输断面也出现了越来越严重的输电阻塞，现有的市场机制难以对阻塞区市场成员的“抬价”行为进行有效的规避，已经出现了一些修改市场规则的呼声。

对于北欧电力市场而言，其电力供应也比较充裕，水电装机比例高达50%，电网阻塞主要存在于一些重要输电断面上。北欧电力市场的一个主要功能在于协调各国迥异的资源特性，提供一个高效的跨国资源优化配置平台，并各自负责本国/控制区电网的运行安全。因此，北欧电力市场为了优化配置稀缺的跨区联络线传输资源，一方面不允许在中长期进行跨价区的双边交易，从而强化了日前市场在组织跨区电力资源优化配置上的功能；另一方面，多控制区TSO协调调度的方式（没有统一的北欧区域调度中心），使得其难以实现像美国PJM市场一样的日前“全电量优化”（美国PJM市场只有一个统一的调度交易机构），因此，其现货市场在交易规模、物理模型、价格机制等方面的机制设计都是介于美国PJM市场与英国电力市场之间。

澳大利亚现货市场几乎是全世界最自由的电力市场之一，其在交易机制、促进新能源消纳等方面有许多值得我国现货市场建设学习和借鉴的地方。

美国、北欧等国外电力市场建设相对成熟，但仍面临可再生能源占比不断扩大的挑战，通过对国外电力市场的研究分析可总结出以下发展趋势：① 在时间上，建立了贴近实际运行状况的市场体系及交易机制，交易周期不断缩短；② 在空间上，加速构建跨区跨国大范围电力市场，充分利用了区域间电源结构互济、负荷特性互补的优势；③ 市场主体不断丰富，储能等需求侧资源逐步参与市场；④ 市场价格信号进一步精确化，从而适应可再生能源带来的波动性；⑤ 容量机制及电力辅助服务也在不断探索和优化中，以保证发电充裕度和系统运行安全，并进一步促进可再生能源消纳[13]。

从各地区现货市场的差异来看，可以分为两类，一类是分散式现货市场模式，一类是集中式现货市场模式。分散式现货市场模式主要以中长期实物合同为基础，发用电方在日前阶段自行确定日发用电曲线，偏差电量通过日前、实时平衡交易进行调节，交易机构独立于调度机构，其本质是发电方和购电方根据所签订的双边合同进行自调度、自安排，系统调度机构则需尽量保证合同的执行，并负责电力调度平衡，这种模式以英国、北欧为代表。集中式现货市场模式主要是以中长期价差合同管理市场风险，配合现货交易采用全电量集中竞价的电力市场模式，调度交易机构统一管理，其本质是基于安全约束条件确定机组组合与发电曲线，是一种与电网运行联系紧密、将各类交易同意优化的交易模式，这种模式以美国、澳大利亚、新西兰和新加坡为代表[14]。

两种模式比较而言，分散式现货市场模式对于电网运行方式复杂、调峰困难的地区适应性较差，集中式现货市场的中长期合同电量不强制物理交割，不会对电网的安全运行造成额外限制。

图 1－6 所示为英国与美国 PJM 电力市场模式的比较。

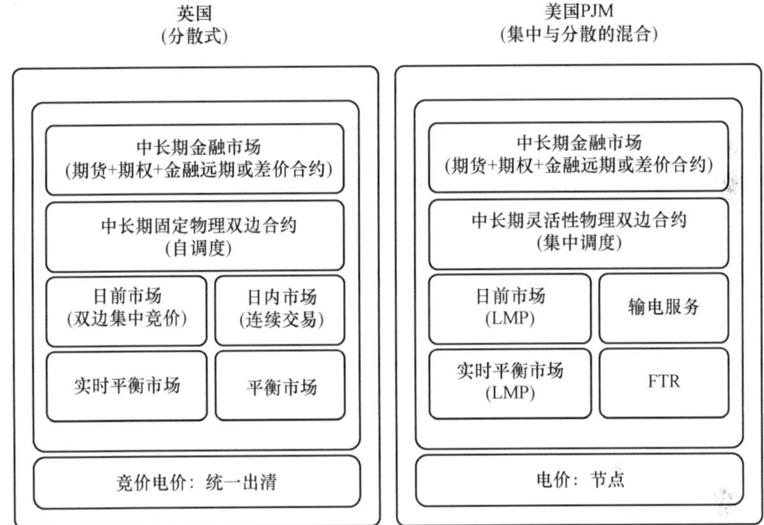

图 1－6 英美两种典型电力市场模式的比较

1.4.2.2 对我国现货市场建设的启示

综合上述对于国外主要电力市场实践经验的总结分析，考虑到不同电力市场建设方案的适应性，中国下一步的现货市场建设应重点关注以下几方面[15]。

（1）在现货市场体系构建上，日前市场将作为中长期直购电交易“交割”的市场载体，并为中长期直购电交易提供“价格风向标”。日前市场所形成的发用电计划，将作为电网实时调度的重要依据，实时调度曲线与日前发用电曲线的偏离部分，将按照一定的规则进行事后结算。因此，日前市场对于中国目前的调度运行，尤其对于安全性冲击较小，可以优先开展。同时，由于实时市场是作为连接市场交易与系统物理运行的最后一道“闸门”，需要在充分确保安全的前提下方可引入市场机制，应在日前市场成熟之后再逐步建设。而对于日内市场，则应在风电、光伏等间歇性电源比例较高的市场区域优先开展，为新能源参与市场竞争提供机制支持。

（2）在现货市场交易出清所采用的物理模型和价格机制上，在日前市场上应充分考虑电网的实际物理模型以及机组、设备的物理技术参数，以保障日前市场交易计划与实际调度运行之间的契合度，加强日前市场的安全校核工作，并以现货的节点边际电价信号引导实施电力资源的优化配置[16]。同时，在日前市场开展电能交易的基础之上，视备用、调频等的资源充裕程度分别组织相应的交易品种，并逐渐实现其与电能交易的耦合，最终实现主辅电能资源的一体化交易出清，从而促进电力资源的优化利用。

（3）现货市场的建设还应重视相关配套机制的建设。对于电力供需形势紧张、发电侧市场集中度较大的市场区域，需要同时引入严格的市场力检测与抑制机制，以挤出博弈空间，规范市场秩序。首先，构建公平、客观的发电成本申报与核算机制，技术参数可从发电商的物理资产属性中获得，基准价格水平则可借鉴经济领域的公开信息，并确定合理的准许收益范围；其次，采用适度的市场干预措施，当市场供需紧张或出现严重的局部市场力时，对市场成员的报价与市场的出清计算进行干预，动态辨识不同市场成员的市场力，并将具有显著抬高市场价格水平的市场成员视为价格接受者；再次，应重视并完善市场的信息发布机制，在市场的不同时序阶段及时发布包括负荷、供应、网络、阻塞、预警、交易量、价格等全面的市场信息，以消除信息壁垒，引导市场成员进行有序竞争；最后，需同步建设与现货市场相协调的交易结算机制，采用中长期、日前、日内、实时、事后多级协调的结算体系，并建设相应的结算技术支持系统，实现对于多结算周期、多结算标的、多结算成分、多结算价格的准确计算与及时清算。

1.5 国内电力现货市场发展概况

1.5.1 国内现货市场发展历程

2016 年 12 月 29 日，国家发展改革委、国家能源局印发《电力中长期交易基本规则（暂行）》的通知（发改能源〔2016〕2784 号），提出随着竞争性环节电价放开或者发用电计划电量放开达到一定比例，或者合同执行偏差电量无法按照该规则规定的方法解决时，各地应当启动电力现货市场建设。2017 年 8 月 28 日《关于开展电力现货市场建设试点工作的通知》（发改办能源〔2017〕1453 号）

提出，根据地方政府意愿和前期工作进展，结合各地电力供需形势、网源结构和市场化程度等条件，选择南方（以广东起步）、蒙西、浙江、山西、山东、福建、四川、甘肃 8 个地区作为第一批试点，加快组织推动电力现货市场建设工作，争取 2018 年底启动运行电力现货交易。2019 年 3 月 5 日，国家能源局综合司印发《关于进一步推进电力现货市场建设试点工作的意见（征求意见稿）》，为电力现货市场的建设指明了方向，也是电力现货市场试点提速发展的催化剂。

随着市场化和中国电力改革的不断深入和推进，南方（以广东起步）作为中国首个电力现货市场试点于 2018 年 8 月 31 日投入模拟试运行，并于 2019 年 5 月、6 月分别开展了 2 次按日结算试运行，参与市场主体包括 190 台发电厂机组、123 家售电公司、3 家大用户，此次交易由发电商自主申报拟出售的电量和价格，购电用户自主申报拟购买电量，经过交易平台竞价撮合，并通过电网运行安全检验，每 15 分钟形成一个电价，不同地方、不同时段用电价格不同。2019 年 6 月 26 日，内蒙古电力多边交易现货市场模拟试运行启动，第一批 8 个电力现货市场建设试点全部进入试运行阶段，标志着我国电力市场建设取得重要突破。

截至 2020 年底，首批 8 个试点中，广东、甘肃、山西三地已陆续启动试运行，山东、浙江、福建、四川 4 个地区已编制完成现货市场建设方案，正在进行方案完善和规划编制等工作，蒙西也已完成试点市场方案的征求意见。其他非试点省（自治区、直辖市）电力现货市场建设也在有序推进，分批逐步上报电力现货市场建设方案和时间表。作为新一轮电改市场建设的关键内容，电力现货市场建设自 2017 年 8 月正式启动试点，试点市场框架从无到有，实施路径逐步明晰，整体稳妥前进，现货市场建设取得实质性突破[17]，发展历程如图 1-7 所示。

图 1-7　现货市场发展历程

1.5.2 国内试点省份电力现货市场

1.5.2.1 广东省

广东省现货市场建设一直走在全国前列，2018 年 8 月确定为首批现货市场建设试点之一，同年 12 月 10 日广东省出台了现货试点建设方案，2019 年 8 月 28 日出台首个现货交易规则，2019 年 8 月 31 日现货市场正式启动试运行。2019 年，广东省进行了 3 次连续结算试运行，持续时间逐步拉长共计 13 天。现货结算试运行先后尝试了“全月价差+现货模式差额”与“中长期价+现货绝对价”方式[18]，在第三次试运行中，现货交易模式由价差模式调整为绝对价格的顺价模式。到 2020 年 8 月，广东现货市场进行了整月连续结算试运行，发电侧日前加权均价 0.197 元/（千瓦·时），最高为 1.237 元/（千瓦·时），最低为 0.070 元/（千瓦·时），实均价为 0.207 元/（千瓦·时），售电公司获利均价为 37.711 6 厘/（千瓦·时）。

目前，广东现货市场已经建成全国首个“中长期+现货”的电力市场体系，如图 1－8 所示，用户侧的日前和实时电价基本上能够反映负荷波动，在用电高峰时期和低谷时期形成了较大的价格差，以价格来引导市场的机制已经初步形成[19]。

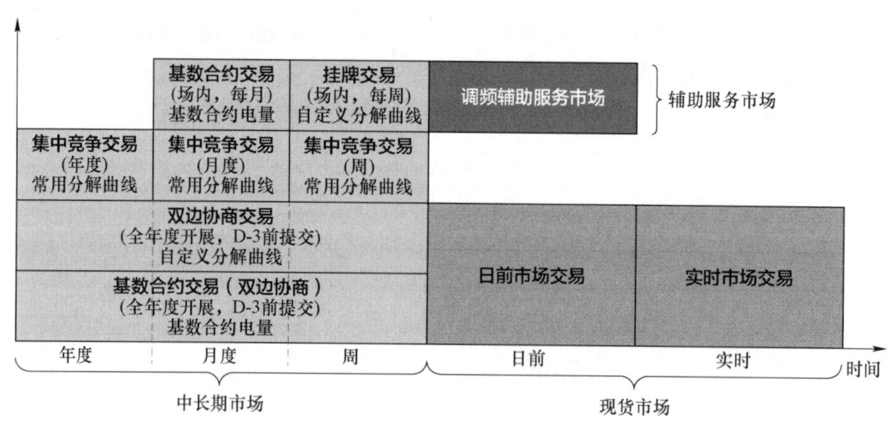

图 1－8 广东省电力市场体系

1.5.2.2 山东省

2017 年 8 月，山东被确定为全国 8 个电力现货建设试点省份之一后，山东省能源局、山东能源监管办牵头编制了电力现货市场建设试点方案和配套市场交易规则，组织电网企业和交易机构开发建设了技术支持系统，进入结算试运行阶段。在现货市场机制设计的时候，同步开展电力零售市场设计，为售电公司与电力用户零售交易搭建公共服务平台，简化零售交易程序、降低交易成本[20]。

山东省电力现货市场按照“统一市场、两级运作”原则设计，交易分为电力批发市场和电力零售市场，电力批发交易包括电力现货市场和电力中长期市场。现货市场采用“电能量市场+辅助服务市场”的市场架构，现货电能量市场包括日前市场、日内机组组合和实时市场，辅助服务市场目前仅开展日前调频服务市场。

截至 2020 年底，山东省已开展了 4 次结算试运行工作。其中，2020 年 11 月的整月连续结算试运行刚刚结束。试运行期间市场整体运行平稳有序，市场出清结果合理，电网运行安全稳定，市场风险可控在控。此外，山东省在国内率先试点实施了基于电力现货市场的需求响应机制，系统导向的紧急型需求响应和价格导向型需求响应，这种具有“双导向、双市场”特点的新型响应机制，被称为“电力需求响应 2.0”模式。

1.5.2.3 浙江省

2017 年 10 月，浙江省能源局出台《浙江电力体制改革综合试点方案》，逐步探索并建立以电力现货市场为主体、电力金融市场为补充的省级电力市场体系。目前，浙江电力市场主要由现货市场和合约市场组成。浙江现货市场以电源侧单边起步，主要包括日前市场和实时市场，采用电能量与辅助服务联合出清的方式，形成每天 48 个点的市场出清价格曲线，出清价格能够充分反映电力供需实时变化。2020 年 7 月，浙江电力现货市场第三次结算试运行顺利完成，第一次实现整月结算试运行。

浙江现货市场主要包括日前市场和实时市场。日前市场采用全电量申报，集中优化出清的方式开展。模拟试运行期间，发电企业暂采用不分时的 5 段容量报价，发电侧单边集中出清，电力用户不申报，后续将引入用户报量报价的双侧出清模式。省电力调度机构以 15 分钟为市场出清周期，在考虑电网运行条件和物理约束的前提下，满足负荷预测和备用需求，通过电能、备用的联合优化，以发电成本最小为目标，进行日前市场出清，形成日前机组组合，以此为基础编制日前调度计划。

浙江省实时市场采用日前封存的发电侧和用户侧申报信息，实时市场在日前调度计划和日内滚动发电计划的基础上，以 5 分钟为市场出清周期，基于电网实际运行状态和物理约束，满足超短期负荷预测和备用需求，通过电能、备用、调频的联合优化，以发电成本最小为目标，采用安全约束经济调度进行实时市场出清，由此得到各发电机组需要实际执行的发电计划和实时节点电价等。

浙江现货市场采用节点电价定价机制。市场初期，节点电价包括电能量价格和阻塞费用，发电侧采用节点电价，用户侧采用各节点加权平均综合电价，结算时段为 30 分钟。日前市场 2 个 15 分钟交易时段的加权平均值，实时市场 6 个 5 分钟交易时段的加权平均值，计为该结算时段的节点电价。

1.5.2.4 山西省

2018 年 12 月山西省启动模拟试运行，已经开展模拟推演、调电试运行、结算试运行 3 个阶段工作，2019 年完成按日结算试运行，2020 年 5 月 10～24 日完成连续两周结算试运行。截至目前，山西省已开展 6 次共 122 天的结算试运行。第六次现货结算试运行是全国试点地区中首个开展连续 3 个月结算试运行的发用两侧均参与的现货试点，用户继续以“报量不报价”的方式参与现货市场，本次试运行对现货市场与调峰辅助服务市场的融合进行探索，停止了省内日前、实时深度调峰辅助服务市场。山西电力现货试点自第一次结算试运行，便放开用户参与现货市场。通过前 6 次试运行，用户的用电习惯发生显著转变，逐步由“按需用电”向“按价用电”转变，电力系统逐步由“源随荷动”的传统调峰方式向“源荷互动”的新型调峰方式发展。

山西省电力现货市场采用“中长期价差合约+全电量现货”模式，按照国家相关要求，以“谁受益、谁承担”为原则，历次结算试运行中，山西现货市场不设资金池，将市场运营费用清晰划分为市场平衡类、成本补偿类、市场调节类三大类费用，各类费用中再详细列出各分项费用的收取与返还机制，尽可能实现市场主体“挣钱有出处、掏钱有理由”，避免了“一锅烩”等问题。

山西电力现货市场中，发电侧以“报量报价”方式，市场化用户、新能源机组以“报量不报价”方式参与现货市场。省调火电企业、新能源企业均参与现货交易，打破了原有的计划保障体制，有利于通过市场机制发现电力价格，进行资源优化配置，促进可再生能源消纳。

1.5.2.5 福建省

福建现货市场包括日前市场和实时市场，以 15 分钟为结算周期，通过电能量市场与辅助服务市场联合出清。2019 年 6 月，福建电力现货市场启动模拟试运行。2019 年 9 月开展首次连续 7 天结算试运行，共 14 家火电企业单位参与。

2020 年 4 月，福建现货市场启动连续 14 天结算试运行。2020 年 7 月首次完成连续整月结算试运行，标志着福建电力现货市场正式转入不间断结算试运行，标志着第一阶段开展的发电侧市场建设任务顺利完成，福建成为国内现货市场最长结算试运行的省份。

福建省电力现货市场采用“部分电量现货”模式，日前现货市场采取发电侧单边竞价的模式开展电能量交易，将燃煤机组部分比例的基数电量纳入日前市场竞价，日前现货市场采用系统统一边际出清电价的定价机制，用户侧主体暂不参与现货市场[21]。

1.5.2.6 四川省

2019 年 6 月 5 日，四川省发布电力现货市场建设试点方案；2021 年 6 月 20 日启动模拟试运行；2019 年 9 月 26～30 日开展连续结算试运行；2019 年 10 月 29、30 日，连续两天开展了第二次模拟结算试运行，第二次现货试点结算试运行出清价格波动较大，见表 1－1。

表 1－1　四川省第二次现货结算试运行出清价格　[元/（千瓦·时）]

现货市场	出清价格	日前市场	实时市场
10 月 29 日	最高价	316.0	316.0
	平均价	272.026	271.064
	最低价	219.612	220
10 月 30 日	最高价	305.612	316
	平均价	258.197	297.467
	最低价	132.407	260

四川省电力现货市场采用“中长期价差合约+全电量现货”模式，丰水期市场水电参与、火电不参与。用户侧主体以“报量不报价”方式参与现货市场。四川是水电大省，发电能力受来水影响较大，供需形势呈现复杂的局面，电力现货市场通过充分竞争生成完整的价格信号，能够促进水消纳，降低丰水期弃水比例。

1.5.2.7 甘肃省

甘肃省在 2018 年 6 月即发布了《甘肃富裕新能源电力电量跨省跨区增量现货交易规则（试行）》，探索通过现货交易促进省内新能源消纳问题。2019 年 12

月，甘肃省现货市场首次模拟试运行。2020 年 9 月首次连续 168 小时结算试运行。2020 年 4 月，开展连续 43 天的结算试运行，整体运行有序。

甘肃省采取“中长期价差合同+全电量现货集中竞价”的市场体系，新能源发电机组以“报量报价”的方式参与现货市场，用户侧暂不参与现货市场。在现货市场运行模式下，甘肃省内新能源（风、光）实了最大化消纳，这也验证了电力现货交易对解决新能源消纳问题起到的积极作用。

1.5.2.8 内蒙古自治区

内蒙古自治区主要以蒙西为主的市场化交易，蒙东地区暂未开展现货交易。2019 年 9 月 21～27 日，蒙西电力现货试点进行了为期一周的结算试运行。2020 年 6 月 17～23 日，采用电力现货市场与调频辅助市场联合运行的市场模式，开展了第二次试结算。2020 年 8 月底前实现连续 2 周结算试运行。2021 年 1 月实现电力现货市场不间断结算运行。

内蒙古自治区整体以外送为主的形式，现货市场开展相对缓慢，蒙西电网电源结构多元，涵盖火电、风电、光伏发电等多种电源，特别是近年来风电、光伏发电发展迅速，2021 年 1 月 1 日，陆上新增风电全面“平价”时代正式开启，现货市场对新能源的消纳起到积极作用。

1.5.3 国内现货市场建设总结

1.5.3.1 国内现货市场的特点

总体来看，试点省（自治区）现货市场运行情况总体良好，交易组织流程流畅，技术系统运行正常，出清结果基本符合预期，验证了现货市场规则和技术支持系统的有效性，标志着我国电力现货市场建设取得实质性进展。通过总结国内 8 个现货试点省（自治区）的现货市场建设情况及现货业务开展情况，可以发现各省（自治区）现货交易存在一定的共性，同时也因为各省（自治区）电力市场发展基础不一致，各省（自治区）现货业务设计也存在一定差异。

1. 相同之处

相同之处主要体现在 4 方面[22]。

（1）各省（自治区）均以“发电侧报量报价、用电侧报量不报价”模式起步。

（2）各省（自治区）对市场申报价格和出清价格均设置了上下限。

（3）节点电价或分区电价成为现货市场主流定价机制。

（4）交易结算方面，除福建省外，其他各省（自治区）中长期交易按照合同约定价格结算；日前市场出清曲线与中长期交易曲线之间的偏差按照日前市场出清结算；实际执行曲线与日前交易曲线之间的偏差按照实时市场价格结算。

2. 差异点

差异点同样主要体现在4方面。

（1）在市场模式方面，既有采取分散式的省（自治区），也有采取集中式的省（自治区）。采取分散式现货市场模式的省（自治区）有福建、蒙西，采取集中式现货市场模式的省份较多，有广东、山东、浙江、甘肃、山西、四川6省。

（2）价格出清机制方面，8个省（自治区）均采取“集中竞价、统一出清”的发电侧电价出清机制，但出清模式各不相同。福建、蒙西、四川3省（自治区）现货市场采取系统边际电价出清，广东、浙江、山东、山西4省现货市场采取发电侧节点边际电价。

（3）出清周期方面，浙江市场日前采取30分钟为一个出清时段，实时市场5分钟为一个出清时段；其他省（自治区）日前和实时市场均以15分钟为一个出清时段。其中，蒙西设置4小时一个交易时段，15分钟一个出清时段的日前市场。

（4）交易结算方面，福建省现货交易结算具有一定的特殊性：① 进入现货市场的基数日分解电量与实际交易电量之间的差量根据批复上网电价和现货市场交易价格的差价进行结算；② 福建省采取实时平衡机制结算机制。

3. 特点总结

8个试点省（自治区）的现货试点特点总结见表1-2。

表1-2　　8个试点省份的现货试点特点总结

试点省份	广东	山西	甘肃	蒙西	浙江	山东	四川	福建
市场模式	中长期结算+现货全电量出清	中长期结算+现货全电量出清	中长期结算+现货全电量出清	中长期结算+现货偏差调节	中长期结算+现货全电量出清	中长期结算+现货全电量出清	中长期结算+现货全电量出清	中长期结算+现货偏差调节
参与机制	燃煤/燃气报量报价	燃煤报量报价、新能源报量不报价	燃煤/新能源报量报价	燃煤/新能源报量报价	燃煤/燃气/水电/核电报量报价	燃煤/核电报量报价、新能源报量不报价	燃煤/水电（弃水期）报量报价	燃煤报量报价
	用户报量不报价	用户报量不报价	用户不参与	用户不参与	用户不参与	用户报量不报价	用户不参与	用户不参与
现货市场种类	能量市场、调频市场	能量市场、调频市场、调峰市场	能量市场、调频市场、调峰市场	能量市场、调频市场、调峰市场	能量市场、调频市场	能量市场、调频市场	能量市场、调频市场	能量市场、调频市场、调峰市场

续表

试点省份	广东	山西	甘肃	蒙西	浙江	山东	四川	福建
中长期合约	交易差价结算	交易差价结算	交易差价结算	交易结果物理执行	交易差价结算	交易差价结算	交易差价结算	交易结果物理执行
试结算情况	2019年5月2日、2019年6月4日试结算；2019年10月按周试结算；2020年8月按月试结算；2021年5～7月连续试结算	2019年9月按日；2020年5月半月试结算；2020年8月全月试结算；2020年11、12月两月试结算；2021年4～6月连续试结算	2019年9月按周试结算；2020年4月全月试结算；2020年8月全月试结算；2020年11、12月两月试结算；2021年第二季度实现用户侧参与试结算，全年实现按季度试结算	2019年9月按周试结算；2020年6月按周试结算；2021年4月开展按季度试结算	2019年9月、2020年5月按周试结算；2020年7月全月试结算；2020年3～4月全月试结算	2019年9月、2019年12月按周试结算；2020年5月4日试结算；2020年11月全月结算；2021年暂未明确计划	2019年9月5日、2019年10月2日试结算；2020年4月枯水期长周期试结算；2020年9月丰水期长周期试结算；2021年3月26日开展试结算	2019年9月按周；2020年4月两周试结算；2020年6、7月全月试结算；2020年8月不间断试结算，持续开展试结算

8个试点单位全部试运行，对市场主体，特别是电网企业和售电公司提出特别的要求，比如计量能力和结算服务能力、增值业务拓展能力等服务水准，也为电力市场下一步探索完善的市场机制和价格机制奠定了坚实基础。

1.5.3.2 国内现货市场发展成就

经政府有关部门、电网企业、发电企业等各方主体共同努力，中国电力市场建设稳步推进，取得了显著成效，主要包括以下8个方面。

（1）“统一市场、两级运作”的全国电力市场总体框架基本建成。全国统一电力市场建设总体架构见表1-3，省间交易和省内交易的功能定位日渐清晰。以中长期交易为主、现货交易为补充的市场模式基本形成各界共识。目前，省间、省内中长期电力交易机制已全部建立，以消纳清洁能源为主的省间现货交易也已开展。统一框架设计、统一核心规则、统一运营平台、统一服务规范的全国统一电力市场建设基本方法在实践中发挥了很好的作用。

表1-3　　全国统一电力市场建设总体架构

总体架构	省间交易	省内交易
市场定位	定位于落实国家能源战略，促进清洁能源消纳和能源资源大范围优化配置，建立资源配置型市场	定位于优化省内资源配置，确保电力供需平衡和电网安全稳定运行，建立电力平衡型市场
交易主体	售电主体为发电企业，购电主体主要为省级电网企业，以网对点（发电企业）、网对网交易形式为主	完成市场准入注册的发电企业、电力用户、售电公司和电网企业等

续表

总体架构	省间交易	省内交易
交易模式	（1）以中长期交易为主，现货交易为补充； （2）中长期交易落实国家能源战略、促进清洁能源大范围消纳、稳定市场供需、帮助市场主体规避价格风险，通过年度及以上、月度和月内短期交易周期形成中长期交易合约； （3）现货交易解决中长期交易与实际运行之间的偏差，适应清洁能源出力波动的特点，组织日前、日内或实时交易	
交易结算	（1）对各类交易品种分为日清算、月结算、年清算； （2）实际执行后与中长期交易合约相同的部分按照中长期交易价格结算，偏差部分按照现货交易中形成的偏差价格结算	

（2）首批现货试点省（自治区）均已开展试运行结算，市场建设取得一定成效。8 个现货试点地区实施路径、规则彼此不同，市场建设各具特色，在电能量市场、辅助服务市场等多个方面取得阶段性成就，但仍存在诸多问题与不足，如现货市场规则过于复杂且各省差异较大，现货价格大幅低于中长期合同价格，辅助服务市场与电能量市场间存在衔接问题，市场运行相关机制不完善，搁浅成本没有回收机制等，未来仍需完善市场规则并加强顶层设计。

（3）全面形成全国联网格局，为全国电力市场建设奠定物理基础。目前中国已基本形成以特高压电网为骨干网架、各级电网协调发展的坚强国家电网，跨区跨省输电能力突破 200 吉瓦，形成全国联网格局，为电力市场建设奠定了坚强的物质基础。

（4）覆盖各级电网的输配电价机制基本形成，为全国电力市场建设奠定价格机制基础。输配电价格改革有序推进，各省级电网（除西藏外）、区域电网输配电价改革全面完成，跨省跨区专项工程输电价格陆续核定，初步建立了覆盖各级电网科学独立的输配电价机制，为电力市场价格机制奠定了良好的基础。

（5）搭建相对独立、规范运作的交易平台和运营机制，支撑电力市场高效运作。北京、广州 2 家国家级电力交易机构和 32 家省级电力交易机构全面完成组建，国家级—省级两级交易平台协调运营。国家电网公司建立了覆盖其经营区域的电力交易技术支持平台，并不断完善交易平台功能，全面支撑了市场注册、交易组织、合同管理、交易结算、信息发布等各项交易业务的高效开展，充分满足了各类市场主体灵活参与市场交易的需要。

（6）市场化交易规模不断扩大，改革红利惠及广大用户。中国先后开展了省、区域电力市场试点，大用户直接交易，发电权交易等一系列市场建设的探索与实践。特别是新一轮电力体制改革以来，发用电计划有序放开，逐步建立了市场化的电量电价形成机制，市场化交易规模持续扩大。2020 年上半年，全国各电力交易中心累计组织完成市场交易电量 12 024 亿千瓦·时，同比增长 5.9%，并呈现继续扩大的趋势。

（7）培育多元化市场主体，形成多买多卖的市场竞争格局。坚持市场化方向，推动在发电侧和售电侧开展有序竞争，培育独立的售电主体，多买多卖的市场格局初步形成。截至 2019 年底，国家电网公司经营区域内电力交易平台累计注册的各类市场主体已突破 14.37 万家，其中发电企业超过 2.86 万家、电力用户超过 11.14 万家、售电公司超过 3600 家。

（8）建立促进清洁能源消纳的市场化机制，持续推动清洁能源清洁转型发展。针对中国“三弃”问题，积极开展清洁能源省间交易、替代交易、富余可再生能源现货交易等促进清洁能源消纳的市场化交易机制，有效提升了清洁能源消纳水平，实现了弃电量和弃电率“双降”的目标。近年来，弃风率及弃光率不断降低，有效地促进了中国能源结构清洁低碳转型。

1.5.3.3 国内现货市场存在问题

虽然国内电力市场建设稳步推进取得了一定成绩，但是各地现货市场试点在试运行过程中不同程度地暴露了一些规则设计方面的问题。

（1）中长期交易与现货交易的衔接有待完善。各省开展的中长期交易是以现货市场建立前的大用户直接交易为基础形成的交易机制。现货市场运行后，中长期交易需要与现货市场相适应，由市场主体签订带交易曲线的中长期合同，发挥稳定市场供需与价格、规避市场风险的作用。

（2）市场监测与防范机制尚不健全。大部分试点省份尚未建立完善的市场监测与防范机制，仅通过市场限价方式防范风险。若市场限价过低，可能会影响现货市场发现价格信号、引导资源合理配置的作用；若限价过高，在供需形势紧张等个别时段现货市场价格可能会飙升，超出电力用户承受范围。因此，需要积极探索建立合理有效的市场防范机制，规避价格波动风险，确保市场平稳有序开展。

（3）需要探索建立合理的容量补偿机制[23]。部分机组承担着电网安全运行责任或为电网运行提供快速灵活调节能力，但由于边际成本相对较高，难以在单一电能量市场中收回固定成本。为此，在下一步电力市场建设中，需要重点考虑过渡时期机组容量成本回收机制，通过差价合约等方式，保障机组合理收益，实现可持续发展。

（4）不平衡资金问题突出。从试点省份的连续结算试运行情况看，在一定程度上均产生了不平衡资金问题，主要包括系统运行费用、非市场用户保底供电产生的不平衡费用等[24]。其中，系统运行费用主要包括成本补偿、辅助服务费用等，需要各地在现货市场建设方案中规范不平衡资金分类，各项结算科目独立记录，分类明确疏导。

（5）新能源参与现货交易存在较大困难。新能源发电受天气变化影响，其波动性、随机性等特点决定了新能源在年度、月度交易中无法签订带曲线的中长期合约，但现货市场的有序有效运行又要求对新能源中长期合约进行结算曲线分解，以便与现货市场衔接，导致新能源预测数据稳定性较差，参与现货市场较为困难。

1.5.3.4 国内现货市场发展建议

8 个现货试点地区实施路径、规则彼此不同，市场建设各具特色，在电能量市场、辅助服务市场等多个方面取得阶段性成就。但仍存在诸多问题与不足，未来仍需完善市场规则并加强顶层设计，未来现货市场的建设要强化市场建设合力，加大市场建设动力。

（1）强化国家层面与试点地方的工作合力。推进首批 8 个地区先行先试，并不单单是试点地区的事情，国家层面与地方、地方与地方之间要相互配合、相互支持。国家层面要加强对现货市场建设的顶层把控和持续跟踪，引导帮助地方培养人才，科学有效推进试点工作；试点地区和其他省（自治区、直辖市）要深入研究自身市场特点，积极主动做好基础工作和人才储备，提升业务能力。

（2）促进政策决策层与市场设计技术层之间的共识。电力现货市场建设专业性极强，且现货价格具有波动性，对社会影响较大，建设过程中，难以避免技术最优、管理承受度、实际落地之间的权衡。要明晰市场设计的目标和评价标准，搭建政策决策层与技术专家的共识基础，找到现阶段既符合现货市场运行规律又满足地方发展诉求的方案，促进电力现货市场健康发展[25]。

（3）调动市场成员参与市场建设的积极性。各试点地区在电力现货市场结算试运行过程中，在一定程度上都出现了不平衡资金问题。短期来看，不平衡资金问题需要理清政府定价电量和市场化交易电量、非市场化用户和市场化用户的占比关系，进而将不平衡费用在各责任主体间进行合理分摊。长期看，需要积极推动非市场化发电机组和用户全面参与市场化交易，进一步完善容量电价补偿机制和可再生能源参与现货市场交易机制。

（4）做好相关市场衔接。从技术层面，电力现货市场建设的突出困难在于交割与衔接，包括中长期交易合同在现货市场的交割，省内现货市场与省间市场的衔接、市场电量与计划电量的衔接等。在市场建设初期，这些衔接问题尚不产生严重影响，但随着市场范围、交易规模扩大，问题会日益凸显，也是现货市场发展中必然要解决的技术难点。

2

山东省电力交易市场建设

2.1 山东省电力市场化改革历程

2013 年，山东省政府为促进经济发展，决定加快推进电力直接交易试点工作。在当年 8 月份国家层面取消了直接交易方案行政审批事项后，山东省政府开始积极着手启动大用户直接交易试点工作。2014 年年初，配套方案措施陆续出台，为山东省启动电力直接交易提供了制度基础。经筛选、公示及公布，符合直接交易的用电企业共 37 家（全部为 110 千伏及以上电力用户），发电企业共 32 家 84 台机组（全部为 30 万千瓦及以上火电机组）。同年 5 月 28 日，省内发电企业与大用户进行电力直接交易，共计达成交易电量 78.18 亿千瓦·时，涉及 35 家电力用户。

2014 年，山东省实际完成电力直接交易电量 60.16 亿千瓦·时。

2015 年，山东省加大力度推动电力直接交易试点工作，年度电力直接交易电量规模增加到 200 亿千瓦·时。在 2 月份及 8 月份，省内发电企业与大用户进行了 2 次电力直接交易，共有 201 家用电企业参与交易，共计完成直接交易电量 184.78 亿千瓦·时。

2016 年，山东省继续加大电力直接交易规模，年度电力直接交易电量规模 600 亿千瓦·时，其中省内直接交易电量规模 500 亿千瓦·时，另有 100 亿千瓦·时用户电量参加北京电力交易平台组织的银东直流跨区大用户直接交易。电力用户范围也由原来的 110 千伏及以上扩大至 35 千伏及以上。省内发电企业与大用户进行了 3 次电力直接交易，共达成交易电量 530 亿千瓦·时，涉及 577 家电力用户和 44 家发电企业的 130 台机组，采用价差传导模式，发电机组的上网电价、用户的销售电价均在原有基础上下降 0.05 元/（千瓦·时）。2016 年，山东省完成省内外电力直接交易共 6 个批次，共计完成交易电量 616.85 亿千瓦·时，为用户降低用电成本 33.4 亿元，两项指标均居全国前列。

2017 年，山东省电力市场发展取得重要发展，7 月中旬出台了《关于印发山东省电力体制改革专项实施方案的通知》（鲁发改经体〔2017〕788 号），形成了沿用至今的电力市场模式和规则。

（1）在 2017 年之前，山东省仅有年度双边交易一个直接交易品种。从 7 月开始，增加了月度双边协商和月度集中竞价直接交易，形成了年度双边、月度双边和集中竞价 3 种模式互为补充、科学合理的交易格局。

（2）正式公布了山东省输配电价标准，明确自 2017 年 7 月 1 日起，参与电力市场交易的用户购电价格采用顺价模式，由市场交易价格、输配电价（含线损和交叉补贴）和政府性基金及附加费组成。执行峰谷分时电价的用户，直接交易电价作为平段电价，峰谷电价按分时电价政策确定。在输配电价出台之前，山东省电力直接交易价格是按照电网购销差价不变、价差传导的方式执行。

（3）一次性批准 285 家售电公司进入电力市场，并代理用户参与交易。从此，山东省由大用户电力直接交易阶段进入电力市场交易阶段。2017 年，山东省电力直接交易实际完成 956 亿千瓦·时，电力用户范围由原来的 35 千伏及以上的工业企业扩大至 10 千伏及以上的工业、商业用户。

山东省电力市场化交易情况如图 2－1 所示。由图可见，2018 年，山东省电力市场交易完成 1316 亿千瓦·时；2019 年，山东省电力市场交易完成 1715 亿千瓦·时；2020 年，山东省电力市场交易完成 1983 亿千瓦·时。

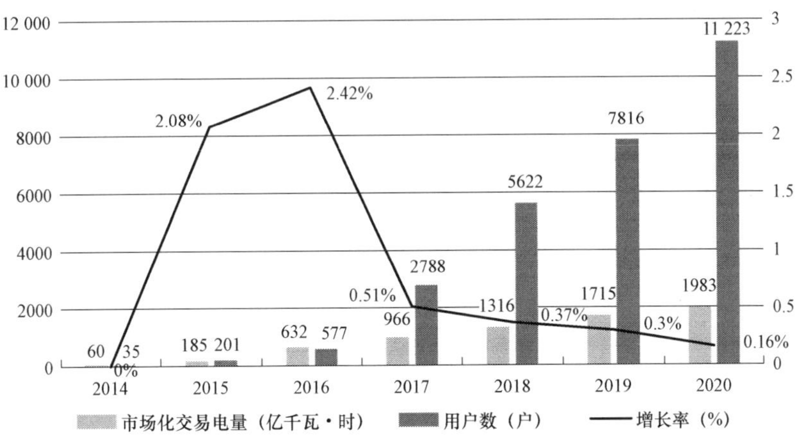

图 2－1 山东省电力市场化交易情况

2.2 山东省电力市场特点及趋势

2.2.1 山东省电力市场特点

近年来，山东省电力市场建设取得较大进展，电力市场呈现四大特点。

（1）特高压电网快速发展，外电入鲁大幅增加。山东电网“十三五”期间规划建设1000千伏特高压交流工程4条、±800千伏特高压直流工程2条，以及临沂、青州2座特高压直流换流站。2020年，山东接受省外来电最高超过2200万千瓦，约占全网最高用电的1/4。随着特高压电网的建设，网架结构变化较大、电网运行特性逐渐复杂。

（2）燃煤机组占比大，快速调节电源少。山东省电源结构以燃煤火电机组为主，快速调节电源仅有100万千瓦（泰山抽水蓄能电站4×25万千瓦），电网调峰能力明显不足。尤其是随着光伏、风电装机的逐年快速增长，午间负荷低谷基本与后夜负荷低谷相当，60万千瓦机组日内启停调峰已成常态。

（3）新能源发展迅猛，市场化消纳面临挑战。在国家促进新能源发展政策激励下，山东电网风电、光伏等新能源快速发展，占比逐步提高。截至2021年1月底，山东省发电装机总容量15 982万千瓦，新能源装机达到4135万千瓦，占到总装机容量的25.88%，其中风电装机1797万千瓦，位居全国第四；光伏装机2338万千瓦，位居全国第一。在“碳中和、碳达峰”战略发展目标提出后，“十四五”期间山东省新能源将快速发展，占比更大。

（4）发电市场集中度高，市场力问题明显。在山东省电力市场建设的初期阶段，从具备可操作性方面来看，能够参与发电市场竞争的机组应限定在山东省直调公用燃煤发电机组范围内。截至2021年1月底，全省直调燃煤公用电厂装机容量为6040万千瓦，装机容量排名前5名位的发电集团的赫芬达尔指数远超1800，发电侧市场高度集中。

2.2.2 山东省电力市场发展趋势

根据山东省发布的电力市场发展规划，结合目前执行的电力中长期交易和现货交易开展情况，山东省电力市场呈现如下趋势。

（1）进一步规范电力用户准入条件。2021年山东省电力用户市场准入条件维持2020年标准不变；拥有自备电厂的企业必须依法合规缴纳相关基金和补贴后，才能注册为市场用户。依据国家现有政策，国网山东省电力公司对省内拥有自备电厂企业并网以来缴纳政府性基金和交叉补贴情况进行了全面梳理，凡有历史欠缴且目前尚未缴纳的企业不能参与市场交易（包括省内交易和跨省区交易）。企业无欠缴后，方可注册参与电力市场交易。拥有自备电厂企业在山东电力交易中心平台注册时需签订电子信用承诺书，承诺已按规定足额承担国家依法合规设立的政府性基金，以及与产业政策相符合的政策性交叉补贴。若后续发现相关企业未履行信用承诺，立即取消市场交易资格，纳入市场信用记录，并承担相应的行政、法律责任。

（2）推进地方公用燃煤热电联产机组进入市场。未参与电力市场的地方公用燃煤热电联产机组，其“以热定电”优先发电量计划外的上网电量原则上不高于其 2020 年非供暖季实际上网电量，并按照市场价格结算。电力现货市场连续结算试运行前，按照当季度省内季度中长期交易平均价格结算；电力现货市场连续结算试运行期间，按照当月前七天中长期交易平均价格（含容量电价）结算（如高于省内燃煤机组上网基准电价，按基准电价结算）。

（3）放开集中式新能源发电机组进入市场。具备条件的集中式新能源发电机组可自愿进入市场，且不影响其享受国家规定的补贴。

（4）首次要求售电公司、批发用户承担非水可再生能源电力消纳责任。2021 年非水可再生能源电量消纳责任电量约 270 亿千瓦·时，消纳责任电量视为已成交电量，按省内非水可再生能源上网电价结算。现货结算试运行期间的消纳责任电量分配方式另行制定。

1）非水可再生能源消纳责任电量是分摊给售电公司和批发用户的。售电公司和零售用户之间的分配方式，由双方自行协商约定，在零售合同中予以明确。非水可再生能源消纳责任电量会影响零售价格，需要提醒售电公司和零售用户注意。

2）非水可再生能源消纳责任电量可以通过市场交易抵扣。售电公司和批发用户可与新能源企业签订中长期合同，该电量计算在消纳责任内，抵扣分摊的消纳责任权重电量。

（5）首次将部分省外来电作为政府授权合约电量。将跨省区年度交易电量中的部分电量（90 亿千瓦·时）打包作为政府授权合约电量进入市场。该部分电量由国网山东省电力公司代理省内市场用户购买后，由售电公司、批发用户认购。认购价格为上述电量落地山东省加权平均价格，按照政府间送受电协议约定的典型送电曲线进行分解。

（6）山东省确定为电力市场建设综合改革试点，2021 年电力市场充满较大变数，需各相关部门和单位积极配合。

2.3　山东省电力中长期交易市场建设

2.3.1　中长期交易品种

山东省电力中长期交易体系如图 2-2 所示，按照交易周期划分，可分为年度、月度和周交易；按照曲线分解方式划分，可分为常用曲线合约交易与自定义曲线合约交易；按照交易组织方式划分，可分为双边协商交易、集中竞价交易、挂牌交易、基数合约转让交易等。

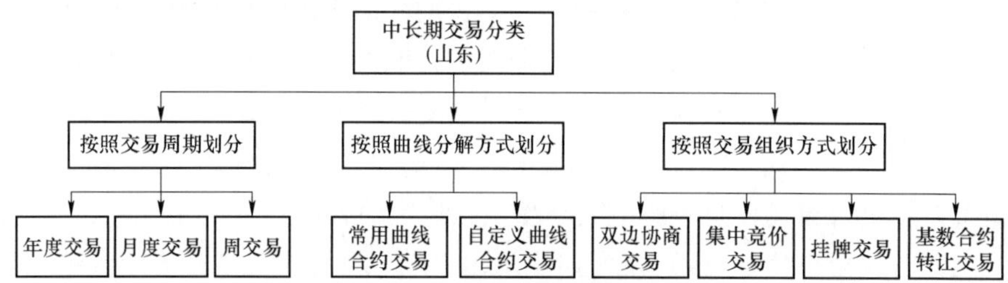

图 2-2　山东省中长期交易体系

中长期交易过程中各市场主体关系如图 2-3 所示。

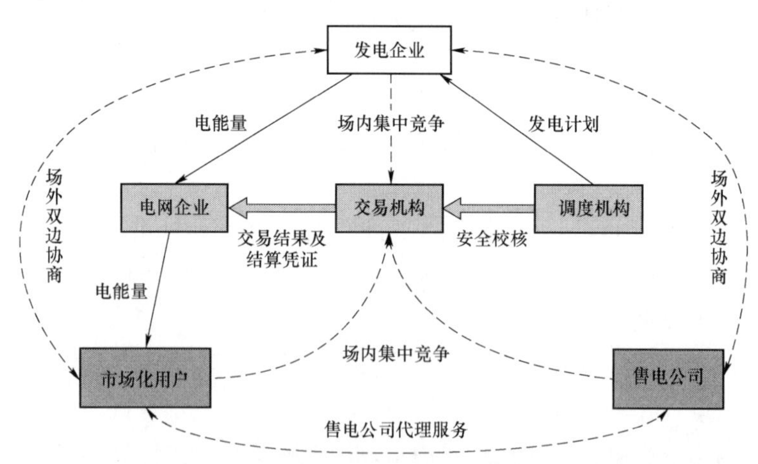

图 2-3　中长期交易过程中各市场主体关系

2.3.1.1 双边协商

双边协商交易又称长协、自主协商交易，指市场主体之间自主协商交易合约周期、合约电量、交易价格、分界曲线等要素，通过交易平台签订合同，经相关确认和交易校核后生效。双边协商交易的交易标的为本年度次周开始的市场合约电量，以日历周为最小合约周期，采用自定义分解曲线，交易标的为日历日基本单位。

双边协商交易合同内容应包括合约周期、交易电量、交易价格、分解曲线等要素。双方协商达成交易意向后，由卖方按相关要求在交易平台上填报合同信息，由买方进行确认。

2.3.1.2 集中竞价

集中竞价又称集中撮合，是电力用户和发电企业双向报价（报价差）的形式。集中竞价规则高低匹配、统一出清。集中竞价交易在交易平台集中组织开展，由市场主体申报交易意向，交易平台自动撮合匹配成交，采用常用分解曲线。

1. 集中竞价交易分类

集中竞价交易分为年度集中竞价交易、月度集中竞价交易以及周集中竞价交易，如图 2–4 所示。其中年度集中竞价交易每年底开展，月度集中竞价交易每月开展，周集中竞价交易每周开展。年度集中竞价交易的交易标的为次年年度市场合约电量，月度集中竞价交易的交易标的为后续 12 个月的分月市场合约电量，周集中竞价交易的交易标的为后续 4 周的分周市场合约电量。集中竞价交易分集合竞价、连续竞价两个阶段进行。

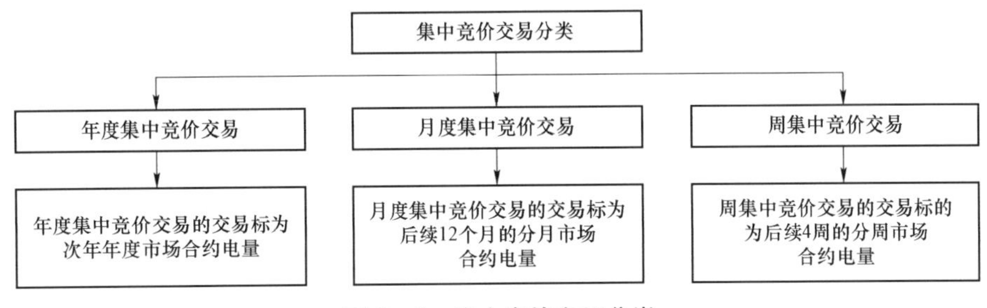

图 2–4 集中竞价交易分类

（1）年度集中竞价交易。年度集中竞价交易的交易标的为次年年度市场合约电量，包括 $Y+M+D_1$、$Y+M+D_2$、$Y+M+D_3$ 3 种常用分解曲线形式。常用分解曲线根据系统历史负荷确定年度分月电量比例（Y）和月度分日电量比例（M），将年度电量分解至分月、分日电量，再按日常用分解曲线（D_1、D_2 或 D_3），将日电量分解为 24 小时电量曲线，即年度常用分解曲线包括 $Y+M+D_1$、$Y+M+D_2$、$Y+M+D_3$ 3 种形式。（注：① 峰平谷曲线 D_1 即将一日划分为峰段、平段和谷段，根据系统历史负荷确定峰、平、谷 3 段负荷比例，将日电量分解为 24 小时电量曲线；② 全天平均曲线 D_2 即将日电量平均分解为 24 小时电量曲线；③ 高峰时段曲线 D_3 即将日电量平均分解至每日峰段，平段、谷段为零，形成 24 小时电量曲线。）

（2）月度集中竞价交易。月度集中竞价交易的交易标的为后续 12 个月的分月市场合约电量，包括 $M+D_1$、$M+D_2$、$M+D_3$ 3 种常用分解曲线形式。月度常用分解曲线按照月度分日比例（M），将月度合约电量分解至日电量，再按日常用分解曲线（D_1、D_2 或 D_3），将日电量分解为 24 小时电量曲线，即月度常用分解曲线有 $M+D_1$、$M+D_2$、$M+D_3$ 3 种形式。

（3）周集中竞价交易。周集中竞价交易的交易标的为后续 4 周的分周市场合约电量，包括 $M+D_1$、$M+D_2$、$M+D_3$ 3 种常用分解曲线形式。周常用分解曲线按照月度分日比例（M），将周电量分解至日电量，再按日常用分解曲线（D_1、D_2 或 D_3），将日电量分解为 24 小时电量曲线，即周常用分解曲线包括 $M+D_1$、$M+D_2$、$M+D_3$ 3 种形式。

2. 集合竞价阶段

集中竞价交易集合竞价阶段采用集中申报、集中撮合的交易机制，在连续竞价交易前完成，主要包括集中申报、集中撮合、结果发布等环节。集合竞价阶段交易结果在集合竞价阶段结束后由电力交易机构发布。集合竞价阶段未成交的交易申报自动进入连续竞价阶段。

集中竞价交易集合竞价阶段将买方申报按价格由高到低排序、卖方申报按价格由低到高排序，依次配对形成交易对。交易对价差为

$$交易对价差=买方申报价格-卖方申报价格$$

当交易对价差为负值时不能成交，交易对价差为正值或零时成交，价差大的交易对优先成交；交易对价差相同时，申报时间较早的优先成交，申报时间以系统记录时间为准。

3. 连续竞价阶段

集中竞价交易连续竞价阶段采用连续申报、连续撮合的交易机制，包括交易申报、自动撮合、结果发布环节。市场主体在连续竞价阶段交易时段内申报拟购买或出售的交易电量与价格，申报信息匿名即时公布。

市场主体提交申报后，交易平台按不同交易标的进行即时自动匹配撮合，原则如下：对于提交的买方申报，将未成交的卖方申报按价格由低到高排序，依次与之配对形成交易对。对于提交的卖方申报，将未成交的买方申报按价格由高到低排序，依次与之配对形成交易对。交易对价差为

交易对价差=买方申报价格－卖方申报价格

当交易对价差为负值时不能成交，交易对价差为正值或零时成交，价差大的交易对优先成交；交易对价差相同时，申报时间较早的优先成交，申报时间以系统记录时间为准。

2.3.1.3 挂牌交易

挂牌交易又称挂牌招标、双边挂牌交易，指市场交易主体通过电力交易平台，将需求电量或可供电量的数量和价格等信息对外发布要约，由符合资格要求的另一方提出接受该要约的申请，经安全校核和相关方确认后形成交易结果。

挂牌交易在交易平台集中组织开展，采用挂牌摘牌的方式成交，成交价为挂牌价。每周组织本年度后续月份的电量交易，以日历周为最小合约周期，不跨自然年，交易电量按挂牌方的分解曲线形成分时电量。挂牌交易的交易标的为本年度次周至年底的市场合约电量，分解曲线采用自定义分解曲线。挂牌交易的合约周期、交易电量、交易价格、分解曲线等信息由挂牌方确定。

2.3.1.4 基数合约转让交易

年度基数合约由政府部门下达至发电企业，包含年度优先发电量和基数合同电量，执行政府批复的上网电价政策。电量规模按照国家关于有序放开发用电计划的有关规定确定。年度基数合约电量视为厂网双边交易电量，优先发电量中居民供热“以热定电”电量、关停机组替代发电量不得转让。

政府部门综合考虑全省电力电量需求，以及跨省跨区送受电电量、可再生能源发电量和涉外机组合同电量等因素，安排年度基数合约电量。

年度基数合约电量由政府部门下达年度总量，由电力交易机构分解，作为发电企业的结算依据。

电力交易机构根据历史用电负荷数据和典型负荷曲线将年度基数合约电量预分解到月、日及分时电力曲线，结算时按照“以用定发”原则进行调整。其中居民供热机组的“以热定电”优先发电量、关停机组替代发电量不做调整。

2.3.2 中长期交易结算

中长期交易双方通过双边协商、集中竞价、挂牌交易等交易方式形成市场

电量综合价格，省电力交易中心每月根据跨省跨区、省内交易情况进行电量、电价清分，将结算依据传递营销部，营销部依据结算依据按月计算市场交易电费并累加输配电费、政府性基金及附加费形成市场化用户最终电费账单。直调机组由省交易中心按合同分解合约电量、电价，并传递省公司财务部进行购电费支付。图 2–5 所示为中长期交易结算流程。

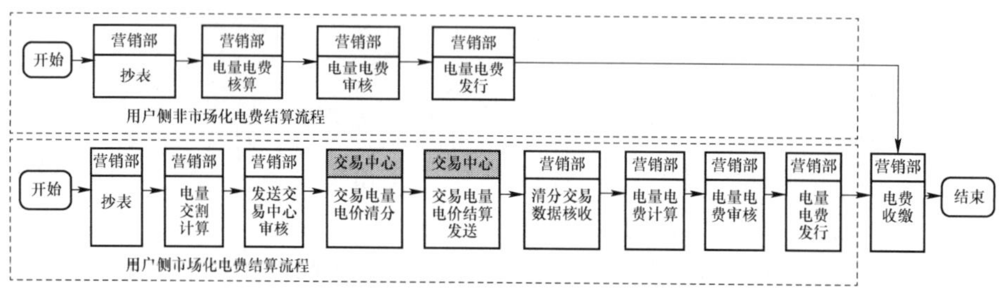

图 2–5　中长期交易结算流程

2.3.3　中长期交易现状

随着电力体制改革深入推进，发用电计划逐步放开，山东省电力市场运行稳中向好，市场开放度和活跃度持续提升。目前，山东电力交易平台已累计注册各类市场主体 1.4 万家，是 2015 年底的 30 倍。其中，用电侧市场主体增长迅猛，电力用户达到 1.2 万家，增长了 57 倍；售电公司从无到有，目前已超过 1000 家，数量位居全国首位。

1. 跨区跨省电能交易组织情况

（1）跨区跨省市场化交易组织情况。截至 2020 年 12 月底，山东省共组织 29 批次省间市场交易，达成交易电量 737 亿千瓦·时，其中，清洁能源交易电量 224 亿千瓦·时。具体为：银东直流达成直接交易电量 103 亿千瓦·时，鲁固直流达成交易电量 346 亿千瓦·时，昭沂直流达成交易电量 288 亿千瓦·时。

（2）现货交易组织情况。国网山东省电力公司在 2020 年度参与了国家电网调度中心组织的跨区跨省现货交易，消纳东北、西北、华北地区风、光电能，交易电量 65 383.72 万千瓦·时。2020 年度山东电网跨区跨省现货交易组织情况见表 2–1。

表 2-1　　2020 年度山东电网跨区跨省现货交易组织情况

序号	交易名称	交易类型	交易电量/（万千瓦·时）
1	鲁固直流	现货	15 361.5
2	银东直流	现货	28 312.28
3	昭直流	现货	16 726.77
4	京津唐送山东—东北送山东	现货	4983.17
合计			65 383.72

2. 跨区跨省交易完成情况

2020 年度，山东累计完成从省外受电 1163.51 亿千瓦·时，同比增长 24.30%。其中，从华北电网受电 302.91 亿千瓦·时，同比增长 6.45%；从西北电网受电 538.82 亿千瓦·时，同比增长 26.89%；从东北电网受电 321.78 亿千瓦·时，同比增长 41.86%。2020 年度跨区跨省受电情况见表 2-2。

表 2-2　　2020 年度跨区跨省受电情况

月份	2020 年/（亿千瓦·时）	2019 年/（亿千瓦·时）	同比增长（%）
1	76.73	63.5	20.83
2	47.72	55.11	−13.41
3	83.83	75.29	11.34
4	98.18	68.87	42.56
5	114.73	68.94	66.42
6	109.91	70.94	54.93
7	120.15	113.53	5.83
8	124.7	110.56	12.79
9	88.94	79.21	12.28
10	84.71	74.74	13.34
11	108.36	74.83	44.81
12	105.55	80.48	31.15
累计	1163.51	936.03	24.30

3. 跨区跨省可再生能源消纳情况

2020 年度，山东省累计消纳跨区跨省可再生能源（风电、太阳能、水电）227.63 亿千瓦•时，同比增长 20.08%。其中，风电电量 121.97 亿千瓦•时，同比减少 4.4%；光伏电量 46.09 亿千瓦•时，同比增长 46.09%；水电电量 59.57 亿千瓦•时，同比增长 95.76%。2020 年度跨区跨省可再生能源消纳情况见表 2－3。

表 2－3　　2020 年度跨区跨省可再生能源消纳情况

类型	2020 年/（亿千瓦•时）	2019 年/（亿千瓦•时）	同比增长（%）
风电	121.97	127.58	－4.40
光伏	46.09	31.55	46.09
水电	59.57	30.43	95.76
合计	227.63	189.56	20.08

4. 电力直接交易情况

（1）省内直接交易情况。2020 年度省内月度直接交易情况见表 2－4。

1）年度直接交易情况。根据山东省电力直接交易工作安排，2020 年 3 月山东电力交易中心组织开展了山东省 2020 年年度电力直接交易（双边协商），经山东电力调度控制中心安全校核后，确认 48 家统调发电企业（128 台发电机组）与 5 家电力用户及 90 家售电公司达成 1～5 月交易电量 425.47 亿千瓦•时。

2）月度直接交易情况。根据山东省电力直接交易工作安排，山东电力交易中心组织开展了山东省 2020 年月度交易及上调下调交易。完成 5～10 月、12 月电力直接交易（集中竞价），成交电量 2.05 亿千瓦•时；完成 5～10 月、12 月月电力直接交易（双边协商），成交电量 734.15 亿千瓦•时；完成 7 批次省内中长期交易合同偏差电量预挂牌交易，成交上调电量 32.41 亿千瓦•时，下调电量 1.77 亿千瓦•时。

3）11 月份中长期交易组织情况。根据山东省 11 月电力现货市场整月结算试运行工作安排，山东电力交易中心组织开展了山东省 2020 年 11 月中长期交易。成交双边协商交易电量 62.801 亿千瓦•时，挂牌交易电量 0.042 24 亿千瓦•时。

表 2-4　　　　2020 年度省内月度直接交易情况

月份	月度竞价		月度双边	11 月份中长期	上调下调		
	成交电量/（兆瓦·时）	成交价格/[元/（兆瓦·时）]	成交电量/（兆瓦·时）		上调电量/（兆瓦·时）	下调电量/（兆瓦·时）	成交价格/[元/（兆瓦·时）]
1 月	—	—	—		202 632		391
2 月	—	—	—				
3 月	—	—	—				
4 月	—	—	—			177 343	54.0
5 月	77 050	393.0	8 989 480		932 950		391.0
6 月	9230	383.0	9 711 630		306 335		391.0
7 月	81 900	393.0	10 350 720		409 205		391.0
8 月	5730	393.5	10 692 840		964 542		391.0
9 月	15 600	392.0	10 986 640				391.0
10 月	5600	387.0	11 164 280				391.0
11 月				6 284 344			
12 月	10 300	—	11 519 030	6 284 344			
合计	205 420	—	73 414 620	—	3 241 210	177 343	—

4）11 月份现货运行情况。发电侧共有 47 家直调公用发电企业、152 台机组报量报价参与现货市场，申报市场主体均为火电机组。用户侧参与现货市场结算试运行的售电公司 32 家（代理 361 家零售用户），批发用户 2 家，自主申报率 100%。中长期合约结算电量 62.84 亿千瓦·时，现货偏差结算 5.41 亿千瓦·时（正负互抵）。

5）降低用户成本。结算省内直接交易电量 1327.38 亿千瓦·时，结算省外直接交易电量 93.12 亿千瓦·时，结算市场平衡电量 562.70 亿千瓦·时。直接交易电价平均降幅 1.33 分/千瓦·时，降低用户电费成本 26.35 亿元。

（2）跨省跨区直接交易情况。2020 年度，跨区跨省电力直接交易共达成交易电量 95.9 亿千瓦·时，其中银东直流达成年度双边直接交易电量 40.1 亿千瓦·时，月度集中竞价电量 55.8 亿千瓦·时。2020 年度跨省跨区直接交易情况见表 2-5。

表 2–5　　　　2020 年度跨省跨区直接交易情况

月份	银东直流（胶东侧）/（兆瓦·时）	
	年度双边	集中竞价
1 月	343 950	465 000
2 月	323 272	465 000
3 月	353 478	465 001
4 月	341 478	465 001
5 月	346 478	464 998
6 月	329 478	465 000
7 月	340 478	465 000
8 月	340 477	465 001
9 月	329 478	465 001
10 月	346 477	465 000
11 月	260 478	464 999
12 月	353 480	464 999
小计	4 009 002	5 580 000
总计	9 589 002	

5. 其他交易组织及完成情况

（1）替代公用机组发电情况。2020 年，根据《关于下达 2020 年度全省直调公用发电机组优先发电量计划、地方公用和并网自备煤电机组发电量调控目标及关停地方公用机组补偿发电量计划的通知》（鲁能源电力字〔2020〕39 号）等文件精神，山东电力交易中心积极组织开展直调公用机组间“以大代小”替代发电工作，达成交易上网电量 97.8 亿千瓦·时。

（2）替代关停机组发电情况。2020 年，根据《关于下达 2020 年度全省直调公用发电机组优先发电量计划、地方公用和并网自备煤电机组发电量调控目标及关停地方公用机组补偿发电量计划的通知》（鲁能源电力字〔2020〕39 号）等文件精神，山东电力交易中心组织关停补偿电量替代至高效环保机组交易，达成交易上网电量为 14.3 亿千瓦·时。

（3）泰山抽水蓄能电站低谷抽水电量招标认购情况。根据国家发展改革委《关于桐柏、泰安抽水蓄能电站电价问题的通知》（发改价格〔2007〕1517 号）确定的原则，山东电力交易中心本着公平、公正、公开、自愿的原则，4 月份在直调公用发电企业范围内组织完成了 2020 年度泰山抽水蓄能电站低谷抽水电量挂牌工作。挂牌结果为 19 家发电企业 23 台机组达成交易上网电量 10.96 亿千瓦·时，结算电价为 0.296 元/（千瓦·时）。

2.4 山东省电力现货交易市场建设

2.4.1 现货交易品种

现货市场包括日前市场、日内市场和实时市场，采用全电量申报、集中优化出清的方式开展，通过集中优化计算，得到机组开机组合、分时发电出力曲线以及分时现货市场价格。日前市场首先采用调度机构预测的非市场用户负荷曲线，叠加市场用户申报负荷，进行日前市场出清，出清结果用于现货市场交易结算，然后采用调度机构预测的全网用电负荷进行可靠性机组组合校验，结果用于发电机组组合和发电出力实际执行。

2.4.1.1 日前交易组织

现阶段，采取“发电侧报量报价、用户侧报量不报价”的模式组织省内日前市场交易。

省内日前市场采用全电量申报、集中优化出清的方式开展。参与市场的发电机组在日前市场中申报运行日的报价信息，售电公司和批发用户在日前市场中申报运行日的用电需求曲线，不申报价格。

2.4.1.2 日内交易组织

日内交易根据电网运行实际情况开展。若电网运行边界条件发生变化，并且可能影响电网安全稳定运行、电力正常有序供应和清洁能源消纳，电力调度机构可根据电网运行的最新边界条件，采用安全约束机组组合（SCUC）、安全约束经济调度（SCED）算法进行优化计算，对运行日或当日的发电调度计划（含机组开机组合和机组出力计划）进行调整，得到机组开机组合、分时发电出力曲线，通过电力交易平台和调度运行技术支持系统向市场主体发布相关信息，并将调整后的发电调度计划下发至各发电企业。日前市场形成的交易出清结果（含价格）不进行调整。

2.4.1.3 实时交易组织

实时市场中，电力调度机构基于最新的电网运行状态与超短期负荷预测信息，综合考虑发电机组运行约束条件、电网安全运行约束条件等因素，在日前市场与日内机组组合调整确定的开机组合基础上，以发电成本最小为优化目标，采用安全约束经济调度（SCED）算法进行优化计算，滚动优化机组出力，形成各发电机组需要实际执行的发电计划和实时节点电价，确保系统平衡、实施阻塞管理。

电力调度机构以 15 分钟为周期，基于最新的电网运行状态与超短期负荷预测信息，以发电成本最小为目标，在日前市场与日内机组组合调整确定的开机组合基础上，采用安全约束经济调度（SCED）程序进行优化计算，滚动优化未来 2 小时机组出力，形成各发电机组需要实际执行的发电计划和实时节点电价等信息。

2.4.2 现货交易流程

以某省为例，现货交易流程如图 2－6 所示。

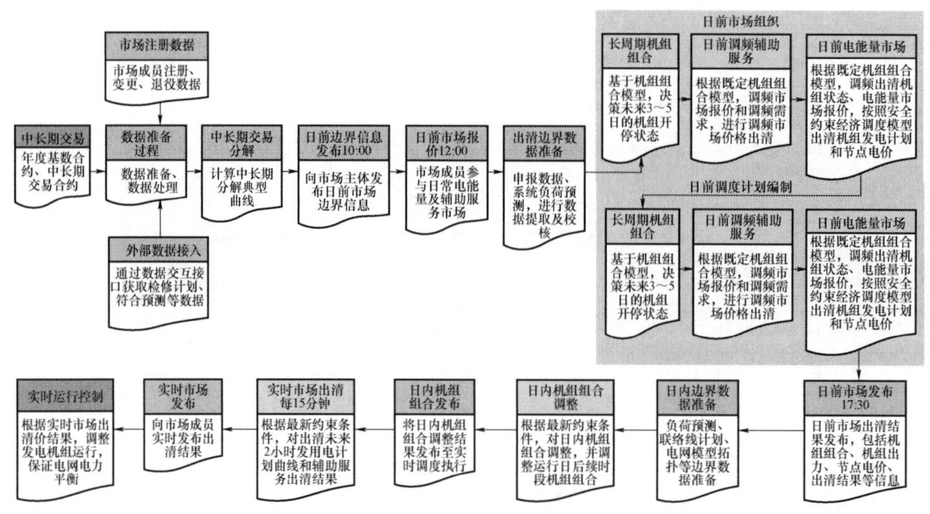

图 2－6　现货交易流程

2.4.3 现货交易价格机制

现货市场实行单一制电量电价，市场主体基于电量价格进行市场交易。其中，燃煤机组的现货市场价格包含环保电价，市场化电量对应的环保电价不再另行结算。

现货市场采用节点电价机制定价。日前市场和实时市场通过集中优化竞争的方式，形成分时节点电价作为市场电量价格。节点电价由系统电量价格与阻塞价格两部分构成，系统电量价格反映全市场的电力供需情况，阻塞价格反映节点所在位置的电网阻塞情况[26]。

发电企业（机组）以发电侧节点每小时内 4 个 15 分钟节点电价的算术平均值作为该小时的节点电价。

售电公司、批发用户以全市场发电侧每小时各节点电价的加权平均作为该小时的现货市场结算价格。其中，日前市场按照发电侧日前市场电量与中长期电量的偏差电量加权平均，实时市场按照发电侧实时市场与日前市场出清偏差电量进行加权平均。

辅助服务市场价格通过集中竞价方式形成。

综合考虑发电企业运营、市场用户电价承受能力等因素，设置市场申报价格上下限以及市场出清价格上下限，由市场管理委员会提出建议，经省发展改革委员会、能源监管办和省能源局同意后执行。

2.4.4　现货交易出清流程

现货市场的出清机制，是基于成员申报信息以及电网运行边界条件，采用安全约束机组合（SCUC）、安全约束经济调度（SCED）程序进行优化计算，出清得到日前市场交易结果。简单讲，就是在保证电网安全的前提下，优先调用系统中报价最为便宜的机组，直至满足负荷需求。现货市场出清流程如图 2－7 所示。

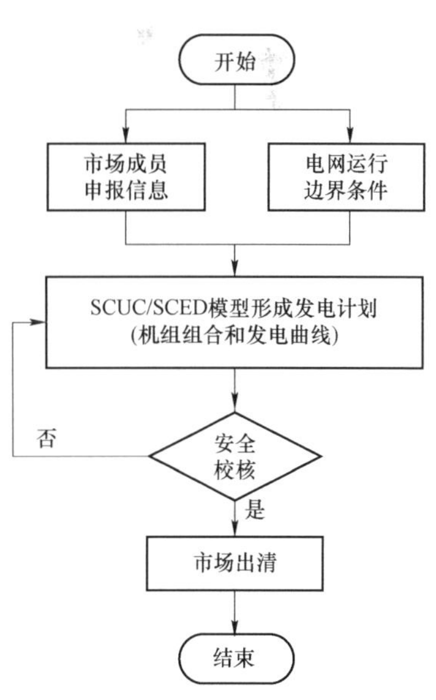

图 2－7　现货市场出清流程

2.4.5　现货交易结算模式

电力批发市场采用“日清月结”和“月清月结”相结合的结算模式。电量电费计算周期为日，以小时为基本计算时段出具日清算临时结算结果，以月度为周期发布正式结算依据，开展电费结算；市场运行产生的各项不平衡费用，按照每项费用的分配（分摊）周期按日或按月进行清算，按日清算的出具日清算临时结果，以月度为周期发布正式结算依据，开展相应费用结算。电力零售市场与批发市场结算相对独立开展，以月度为周期开展零售市场结算，按月出具电力市场结算依据。现货市场结算规则如图 2－8 所示。

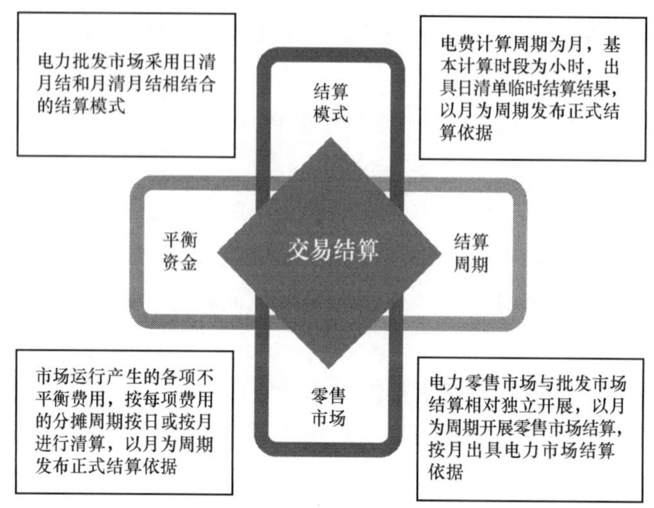

图 2-8　现货市场结算规则

2.4.5.1　结算模式

（1）中长期结算模式。中长期合约按照中长期合同约定价格（即净合约综合价）结算，中长期合约电量包括年度、月度、周等为交易周期的合约电量。

（2）日前与中长期偏差结算模式。日前市场出清曲线与中长期合约偏差部分按照日前市场出清价格结算。

（3）实际与日前结算模式。实际执行曲线与日前市场出清曲线偏差部分按照实时市场价格结算。无意偏差、计量偏差按照统一承担偏差的方式处理。

（4）省外电量结算模式。参与跨省区交易的批发用户和售电公司，跨省区交易曲线统一按照对应跨省区线路的典型送电曲线或日送电曲线等比例分解执行，跨省区交易曲线合约电量按照合同价格结算。继续参与省内交易的，按照省内交易规则申报交易电量和交易曲线，并按照省内结算方式予以结算。实际总用电曲线减去跨省区交易曲线后，形成省内交易实际用电曲线。

（5）不平衡资金的结算。市场和计划双轨制造成的偏差费用、预测偏差费用、调频服务费用、调频机会成本、机组启动费用、空载费用、特殊机组补偿费用、发电侧市场偏差处理费用、用户侧允许偏差外收益、退补联动电费等纳入不平衡资金管理，其余额或缺口以产生时间维度为周期由相关市场主体或非市场单位按比例分摊或返还，需全部由非市场发电机组与跨省区线路受电量承担的不平衡资金以清算时间为周期进行分摊或返还。

2.4.5.2 结算电价

市场化机组以机组所在物理节点的节点电价作为现货市场结算价格[26]。售电公司、批发用户以全市场发电节点的加权平均综合电价作为现货市场结算价格。

（1）中长期市场按市场主体约定的价格结算，原则上结算电价最小单位时间为 1 小时。

（2）现货市场以 1 小时为结算电价单位时间。

（3）发电侧每小时的节点电价等于该时段内每 15 分钟节点电价的算术平均值，用电侧每小时的电价等于所有发电侧每小时节点电价的加权平均值，其中，日前市场按照发电侧日前现货市场出清曲线与中长期合约偏差电量加权平均，实时市场按照发电侧实时市场与日前市场出清偏差电量进行加权平均。

2.4.5.3 结算流程

D+3 日电网企业根据现货交易要求，分别以机组和售电公司、批发用户为单位，将运行日（*D* 日）的机组每小时上网电量、售电公司与市场用户每小时用电量数据推送给交易系统。分时计量数据采集失败时，由电网企业根据电量数据拟合办法提供电量拟合数据用于市场化结算。

电力调度机构负责向电力交易机构提供日前及实时市场 96 点出清电量及出清价格、机组启停次数、必开及供热等特殊机组信息、机组检修、机组非计划停运、辅助服务费用、机组考核相关数据等基本结算数据。

D+4 日 17:30 前，电力交易机构计算市场主体运行日的临时结算结果经审核后发布。具体包括各市场主体当日每小时不同交易类型的结算电量、电价、电费，以及当月累计电量电费情况。市场主体进行查询确认，如有异议在运行日后第 5 天（*D*+5 日）17:30 前通过交易系统反馈。电力交易机构根据各方反馈意见，每旬（上旬指每月 1～10 日，中旬指每月 11～20 日，下旬指每月 21 日至月末）对当月需调整的日清算临时结算结果进行重算，并发布重算的日清算临时结算结果。

每月 6 日 17:30 前，电力交易机构根据上月日清算（月清算）结果、零售市场结算结果以及历史月份的退补结算结果，出具上月月度结算临时结算结果，并发布给市场主体查询确认。具体包括各市场主体当月累计结算电量、电价、电费，考核费用，分摊、返还等费用明细。如有异议在每月 7 日 17:30 前通过交易系统反馈，无反馈的视同确认无异议。

每月 8 日 17:30 前，电力交易机构出具上月月度结算正式依据，发布至电网企业和市场主体。

每月 9 日 17:30 前，电网企业形成上月结算通知单并将电费信息通知市场主体，按照合同约定或法律法规的规定完成电费收支。

2.4.5.4 各类市场主体结算方式

（1）不参与市场的机组按实际上网电量和政府批复的上网电价结算（发电侧批发市场用户）。

（2）参与市场的机组总电费收入由基数合约电费收入与市场化电费总收入构成，其中市场化电费总收入包含中长期合约电费、日前市场偏差电费、实时市场偏差电费、基数合约交易环节结算盈亏、中长期合约交易环节结算盈亏、补偿费用、考核费用、容量补偿费用[28]（发电侧批发市场用户）。计算公式为

$$R=R_{基数}+R_{中长期}+R_{日前偏差}+R_{实时偏差}+R_{基数交易}+R_{中长期交易}+R_{补偿}+R_{考核}+R_{分摊}+R_{返还}+R_{容量} \tag{2-1}$$

式中 R——市场化机组总电费收入；

$R_{基数}$——机组基数合约电费收入；

$R_{中长期}$——机组中长期合约电费收入；

$R_{日前偏差}$——机组日前市场偏差电费收入；

$R_{实时偏差}$——机组实时市场偏差电费收入；

$R_{基数交易}$——机组基数合约交易环节的盈亏；

$R_{中长期交易}$——机组中长期合约交易环节的盈亏；

$R_{补偿}$——机组启动等补偿费用；

$R_{考核}$——机组供热等考核费用；

$R_{分摊}$——机组分摊费用；

$R_{返还}$——机组返还费用；

$R_{容量}$——机组容量补偿电费收入。

（3）批发市场用户侧电费支出包含省外交易电费、中长期合约电费、日前市场偏差电费、实时市场偏差电费、中长期合约交易环节盈亏、容量补偿电费、分摊费用、市场盈余等平衡资金返还费用。计算公式为（用户侧批发市场用户）

$$C_{支出}=C_{省外}+C_{中长期}+C_{日前偏差}+C_{实时偏差}+C_{中长期交易}+C_{分摊}+C_{返还}+C_{容量} \tag{2-2}$$

式中 $C_{支出}$——用户侧电费支出；

$C_{省外}$——用户侧省外交易电费；

$C_{中长期}$——用户侧中长期合约电费；

$C_{日前偏差}$——用户侧日前市场偏差电费；

$C_{实时偏差}$——用户侧实时市场偏差电费；

$C_{中长期交易}$——用户侧中长期合约交易环节盈亏；

$C_{分摊}$——用户侧的分摊费用；

$C_{返还}$——用户侧的市场盈余等平衡资金返还费用；

$C_{容量}$——用户侧支付的机组容量补偿电费。

（4）售电公司交易净收入（售电公司应得费用、售电公司市场服务费）。售电公司所代理用户在零售市场交易中应支付的电费总额（售电公司代理收入），扣除售电公司在批发市场应支付的电费（售电公司批发支出），其差额为售电公司月度市场交易净收入。

2.5 现货交易对电网企业的影响

2.5.1 现货交易对市场主体的影响

现货交易作为市场化电力电量平衡机制的主要补充部分，起到发现价格、完善交易品种、形成充分竞争的作用，也是协调市场交易与系统安全的关键。市场机制下，与传统购电模式比较，现货交易对电力用户、售电公司、发电企业等各市场主体产生了重大影响。计划体制与市场机制两种体制下现货交易的影响如图 2-9 所示。

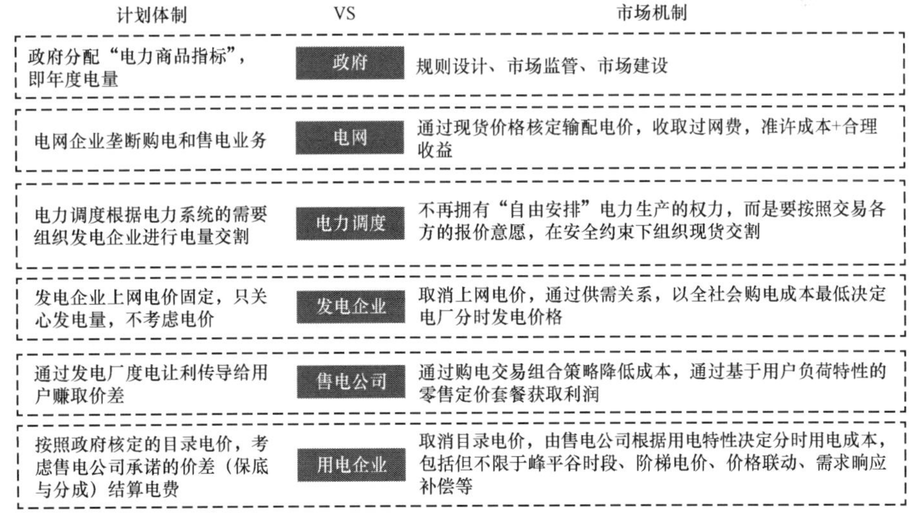

图 2-9 两种体制下现货交易的影响

2.5.2 现货交易对电网企业的影响

电力现货市场的建设对电网企业多个业务环节的运营产生了重大的改变。一方面，电力现货市场能够在一定程度促进电网投资、建设和运营向着更加理性化的方向发展；另一方面，电力现货市场深刻影响到了电网企业传统的生产活动，增加了电网企业的运营风险，提高了电网管理的复杂度和难度。

2.5.2.1 经营风险和财务风险增加

随着我国电力市场建设的深化，现货市场竞争与计划电量放开都有可能降低电网企业的营收规模，提高电网企业的资金成本，加大资产负债率控制压力。

（1）现货市场发用电量波动，影响电网企业年度购售电量计划。传统模式下，发电机组的基数电量和用户侧的优先用电量按照固定价格结算，电网企业根据社会发展情况预测整个年度的发电量和用电量，从而制定公司购电量、售电量、营业收入等经营业绩指标；而随着现货市场的建立，机组发电量和发电收入受市场供需和节点价格影响，时间价格信号也会改变用户的用电量和用电行为，造成年度的发电量和用电量难以准确预测，从而导致电网企业购售电安排、网络建设、成本核算等发生变化。

（2）现货市场竞争可能造成资金结算规模降低。与现行的上网电价形成机制不同，电力现货市场以机组发电的短期边际成本为基础进行竞价，以当前的社会经济环境和供需形势分析，未来一段时间内现货市场的平均出清价格可能低于现行的上网电价。考虑到用户对电能的需求弹性较小，批发市场电价下降增加的电量需求难以弥补因价格下降减少的现金流量。在此情况下，对于负责现货市场资金结算的电网企业来说，其营收规模可能将降低。

2.5.2.2 区域电网协调难度加大

在传统计划调度模式下，电力调度机构按照“三公”调度[1]和节能发电调度的原则，安排机组计划电量和市场电量的发电计划。系统运行时如果出现了临时性的线路阻塞，调度机构可以按照有关规定，实时调整发电机组出力，消除输电阻塞，保障电力系统安全稳定运行。电力现货市场建立后，阻塞管理不仅是保障电网安全的手段，还涉及市场主体的经济利益，以往通过计划的手段进行调控的阻塞管理方式变得不再适用。因此，电力现货市场下的阻塞管理将对电网安全稳定运行产生显著的影响。

---

[1] 电力公开、公平、公正调度的简称。

（1）需采用市场化方式进行阻塞管理，保障电网安全稳定运行。电力现货市场下系统运行方式的安排模式将发生改变，机组启停、发电出力、潮流方式、备用容量和辅助服务等与电网安全相关的各类源网协调要素都将逐步由市场决定，调度机构须按照市场出清结果进行发电调度，会减少调度机构的调整手段，挤压了调控的灵活性，加大了电网运行安全管控压力。在此情况下，需要针对现货市场下的阻塞管理设计公平、经济的新方法，以保障电网安全稳定运行。

（2）阻塞管理机制与传统模式下的安全稳定管理存在一定冲突，需制定适应于市场模式的安全稳定管理方法。在传统模式下，电网运行的安全稳定裕度由各级电力调度机构根据国家以及电网企业的调度安全规章制度以及各级电网的实际运行状态确定，调度运行控制标准均是以确保不发生电网安全事故为唯一目标，其次才是考虑电网运行的经济性要求；但是，在现货市场环境下，出于市场交易信息公开化的要求，电网稳定限额及安全校核标准将进一步公开化，而电力调度机构通过牺牲经济性来提高安全性的做法，也将面临市场主体的诸多质疑。因此，现货市场对电力调度机构提前估计市场运行情况、计算系统安全边界、评估安全稳定裕度和辅助服务需求等提出了更高要求，需要制定现货市场环境下的电网安全稳定管理方法，保障电网安全稳定运行和市场经济高效运行。

2.5.2.3 营销数据管理要求提高

电力现货市场环境下价格存在时空差异，要求对发电机组和电力用户的发用电数据进行实时结算，客观上导致了市场交易和结算数据颗粒度的进一步细化，这就需要电网企业及时准确地提供各交易时段的计量数据，对数据的采集和存储能力以及数据的精准度和准确性提出了更高的要求。因此，结合我国营销与计量数据管理方面的实际情况，电力现货市场建立后将产生以下几方面的影响。

（1）电力现货市场将对计量数据管理和服务提出更高要求。现货市场建立后，用户对于用电价格的敏感度提高，增加了市场化用户对计量数据以及企业用能情况的分析需求。这一方面要求公司提供更为便捷有效的数据服务，另一方面也对于供电企业对于用户的历史计量用电数据的保密管理提出要求。根据国际经验，用户的历史计量数据属于私有信息，未经用户同意不得向其他市场主体披露，电网企业对此有保密、不利用该信息进行盈利的义务。通常情况下，用户可以自由查询其历史用电数据，售电公司可以获取所代理用户的代理关系确立后的计量数据用于结算，而对于代理用户的历史用电数据，需得到用户授权同意后方能获取。由此，电网企业应明确在信息披露过程中的定位和责任，做好信息分类和相关技术准备，避免因流程疏忽或泄密导致纠纷。

（2）现货市场计量、存储等装置的投资及运行成本通过何种途径、以何种方式回收目前尚未明确。电力现货市场交易数据的获得得益于计量装置的投资和运维，然而由于用户数量多造成投资规模较大。该项投资及运行成本回收的可能途径，一种是计入省级电网输配电定价成本，通过独立输配电价回收，此时不应再另行收费；另一种是电网企业在得到电力用户同意的前提下，为市场主体提供有偿数据服务，但其服务价格仍将受到相关监管部门监管。以何种方式实现计量等投资运维成本的回收有待于相关市场管理部门通过法律法规制度等予以明确。

2.5.2.4 电网发展规划难度增加

随着电力现货市场的建设，电网调度将从原有的计划调度向经济调度转变，发电价格也将受电能供需关系影响，由电力市场出清机制确定，这将大大增加系统潮流的不确定性与分布不均衡性。因此，电力现货市场将对电网规划和投资、经济性评价提出新要求、带来新问题。

（1）电力现货市场背景下的电网规划与传统电网规划相比，无论是在规划方案的技术论证上还是经济论证上都更加复杂和困难。传统电网规划是以相对确定的电源和负荷为边界条件开展的，而且计划调度下的系统运行方式相对稳定和潮流分布相对均衡。在电力现货市场运行后，一方面，电源规划和母线负荷将受市场价格及其波动的影响，电网运行方式和系统潮流分布也将受到影响，电网安全稳定分析面临一些新问题，因此电网规划方案在技术上需考虑更多的不确定性因素；另一方面，在电力现货市场运行后，现货市场的节点边际电价将充分反映输电阻塞情况，为电网投资规划项目的经济性量化分析提供了客观数据依据，这在给电网企业科学规划、经济投资创造条件的同时，也给电网企业投资规划带来了约束。

（2）电力市场深化建设和独立输配电价监管使电网投资经济性和运营可靠性矛盾进一步凸显，未来的输配电投资需从技术经济等整体角度进行更科学充分的论证，以充分保障电网企业未来的稳定运营和长远发展。从满足政府输配电价监管的角度出发，为实现输配电价水平的稳定，电网企业在未来监管周期内的电网投资规模仅需维持在较低水平。但是，根据当前的电网发展规划，加之全社会负荷增长、现货市场建设造成的潮流随机性等因素的客观要求，使得电网公司存在进一步新增变电规模、线路规模的需求，因此，需要对电网规划在技术和经济论证方面研究新的方法，解决现货市场建设对网架结构提出的技术需求以及有可能带来的设备利用率降低和独立输配电价监管对投资效率的监管要求之间的矛盾。

2.5.2.5 营销传统业务更加复杂

（1）与传统业务相比，抄表核算由“月抄月结”转变为“日清月结”。现阶段抄表核算业务按抄表例日每月开展一次抄表和一次电费结算。由于现货市场采用节点电价机制定价，日前市场和实时市场通过集中优化竞争的方式，形成分时节点电价作为市场电量价格。营销侧需要每日对用户侧的电量进行抄表计算，并将电量推送交易中心，作为售电公司、直接交易用户等批发市场用户的电量结算依据。因此，现货交易开展后，营销专业的抄表、核算业务需要每日进行抄表并进行电量交割计算（剔除非市场化电量），按月进行电量电费清算。抄表、核算业务由阶段性转变为连续性。

（2）与传统业务相比，电费结算方式更复杂，电价机制更灵活。中长期模式下市场化用户电费结算是营销专业抄表后将电量传递交易中心，根据交易中心回传清分后的省内、省外电量、电价进行电费结算。现货交易零售市场建立后，售电公司与代理用户的电费依据双方签订的零售合同（套餐）结算，目前按照市场交易规则，零售合同（套餐）有周期性固定价格模式、随批发市场进行价格波动的市场费率模式、根据用电量区间设定的阶梯价格类套餐以及固定价格+市场费率等混合模式的多种套餐。由于零售合同（套餐）最低期限为 1 个月，因此零售市场的代理关系又具有多变性。与传统的根据市场清分结果进行电费结算相比，现货交易零售市场建立后，电费结算价格更灵活多样，售电关系更复杂多变。

（3）与传统业务相比，现货交易对计量、采集、抄表质量要求更高。现阶段市场化按照抄表例日进行月度抄表，计量、采集有充足的时间对计量、采集数据进行消缺和补传。现货交易开展后，售电公司、批发用户以全市场发电侧每小时节点加权平均电价作为现货市场结算价格，需要电网企业按小时采集计量电量，作为售电公司、直接交易用户的电量结算依据（根据批发用户的中标曲线分别结算中长期、日前、实时市场电量），用电信息数据从采集每月抄表例日 0 点电能表冻结表码，转变为全年每天 24 小时整点冻结数据，数据采集、传输、处理量呈指数级增长，对计量、采集、抄表质量提出了更高的要求。

（4）与传统业务相比，现货结算业务的抄表、核算工作量大幅增加。现阶段中长期交易结算采取按月结算方式，以月为周期进行用户电量电费结算，现货市场运行后，结算周期由“月结”变为“日清月结”，需要对每天的完成交易数据进行日清算，抄表、采集异常消缺、数据推送的频次是原来的 720 倍，电量结算的频次是原来的 30 倍；同时，随着发用电计划放开步伐加快，参与电力交易的市场主体数量大大增加，原有工作模式难以承载，对系统自动化、智能化水平以及大数据处理能力提出更高要求。

3 电力零售市场发展

3.1 零售市场概念

电力零售市场，是一个与电力批发市场相对应的，但是在学术上没有严格定义，是一个宽泛的概念，其形态也更为多样化。从某种程度上说，电力零售市场更多是配合电力批发侧市场化，在电力供需产业链环节上的多样化交易，以及由此形成的某些集中式交易行为[29]。

下面以已开展零售交易的某省为例，对零售市场参与主体、交易方式、结算方式等内容进行介绍。

3.2 零售市场参与主体

参与电力零售交易的市场主体是售电公司和电力用户。

电力用户参加电力零售交易后即确认为电力零售用户，零售合同解除前不得再直接参与电力批发交易（电力中长期市场交易和电力现货市场交易）。零售用户在每一个合同期内只能与一家售电公司签订一个零售合同（或只能选择一个零售套餐）。

售电公司和电力用户须按照各地区《电力零售市场交易规则》的规定在交易机构完成市场注册。

电网企业和交易中心职责为：零售市场建立后，电网企业负责按月将代理用户市场化电费及偏差考核汇总形成售电公司销售电费和考核收入，并将售电公司销售电费和考核收入发送交易中心。交易中心负责对售电公司销售电费和考核收入进行公示，并依据销售电费、考核收入、批发市场结算依据计算售电公司应得费用。

电网企业每月根据售电代理关系汇总其代理零售用户的套餐电费、考核电费。售电公司销售收入汇总样式见表 3－1。

表 3－1　　　　售电公司销售收入汇总样式

售电公司	代理用户				套餐编码（依据）	市场交易电费/元	偏差考核收入/元	小计
	用户名称	用户编号	管理单位（市）	管理单位（县）				
A 售电公司	A1					100	50	150
	A2					80	10	90
	A3					50	15	65
	A4					150	11	161
	A5					200	20	220
	A6					96	12	108
	合计					676	118	794
售电公司	代理用户				套餐编码（依据）	市场交易电费/元	偏差考核收入/元	小计
	用户名称	用户编号	管理单位（市）	管理单位（县）				
B 售电公司	B1					100	50	150
	B2					80	10	90
	B3					50	15	65
	B4					150	11	161
	B5					200	20	220
	B6					96	12	108
	合计					676	118	794

3.3 零售市场交易方式

电力零售交易方式包括场外双边交易和场内零售交易两种。场外双边交易是指售电公司和电力用户通过签订双边零售合同进行交易的方式。场内零售交易是指在零售市场交易平台由售电公司制定发布零售套餐、电力用户选择确认的交易方式。

场外双边交易零售合同由电力用户向售电公司发起邀约，售电公司负责将合同录入零售市场交易平台，用户在当月 24 日前确认后建立合同关系，从次月 1 日 0 时起生效。场外双边交易零售合同应符合零售市场交易平台数据录入技术标准要求（初期暂按零售套餐技术要求执行）。

售电公司可以根据零售市场交易平台提供的技术标准制定发布零售套餐，电力零售用户可以自主选择零售套餐与相应售电公司签约。用户在每月 24 日前确认签约后，次月 1 日 0 时起生效。电力用户在选择零售套餐时拟签约的时间段内应没有已签约的零售套餐或场外双边交易零售合同。

售电公司、电力零售用户之间解除合同关系，应就欠费问题及其他相关合同义务达成一致意见。由主动解除方按合同约定的方式提起双方友好协商解约或通过解约金进行强制解约，次月 1 日 0 时起生效。双方友好协商解约需被动解除方在当月 24 日前确认解除合同关系，被动解除方未在当月 24 日前确认解除合同关系的，当月无法完成解约。解约金强制解约方式无须被动解除方确认，可直接解约。

零售套餐合同期满后自动失效。合同双方均可在合同到期前 1 个月内向对方提出续约申请，经对方在合同期内最后一个月 24 日前确认后，合同延续一个周期。

电力用户注册后没有参与批发市场交易、没有选择零售套餐或达成双边零售合同的，视为非市场用户，由电网公司按政府定价结算电费。电力用户零售套餐或双边零售合同到期未续约、解除合同关系后未签约新的售电公司的，视为退出市场交易用户，在与新的售电公司建立零售关系或者直接参与批发市场交易前，由电网公司按保底电价结算电费，未出台保底电价前，执行政府定价。

在零售套餐或双边零售合同有效期内，因电力用户或售电公司其中一方原因导致合同无法履行时，电力交易机构可依据套餐或合同解约约定、仲裁机构裁决或司法机关判决进行处理，同时上报省能源监管办和省能源局备案。若对套餐或合同约定存在异议，仲裁机构或司法机关未裁决前，电网企业按政府定价结算用户侧电费。

3.4 电力零售套餐概述

3.4.1 零售套餐的概念

1. 零售套餐的定义

零售套餐是指售电公司制定发布的售电资费标准总称。电力零售套餐的内容主要包括代码、电量价格机制、基准曲线、电量偏差处理机制、期限、解约条款、适用对象等。

2. 零售套餐期限及执行方式

零售套餐的有效期限以月为单位，期限最短为 1 个月，超过 1 个月应为其整数倍。零售套餐的生效时间为零售套餐合同确认后次月首日 0 时，结束时间为套餐有效期内最后 1 个月的最后一天 24 时。期间遇现货市场中止时，按照市场中止的相关规定执行；如市场恢复运行后原零售套餐仍未到期，则用户自动恢复执行原套餐至原定期限，不做延期；若市场恢复运行后原套餐已到期，则用户需重新选择套餐。

3. 零售套餐的发布

售电公司的零售套餐经交易中心审核通过后，由电力交易平台给予套餐代码（零售套餐代码可理解为营销系统的用电户号，具有唯一性），并在每月 23 日由交易平台对零售用户发布（暂定），零售市场的零售用户可在交易平台选择确认零售套餐。对于发布后无零售用户选择的零售套餐，售电公司可取消。

零售套餐代码由售电公司编码和零售套餐编码组成。售电公司编码由 4 位英文字母与 2 位阿拉伯数字构成，零售套餐由 4 位阿拉伯数字构成，从 0001 开始编号。

4. 零售套餐的接收

零售市场建立后，零售套餐按月由交易平台每月 24 日前（暂定）通过线上方式传递到售电系统，售电系统根据套餐中的零售代理关系自动匹配零售套餐价格形式、违约金计算、偏差考核费用计算等计费信息。购售同期抄表前，零售套餐次月（或下一结算周期）生效，购售同期调整后在次月 1 日生效。

5. 零售套餐的取消

售电公司可以取消本公司已发布生效的零售套餐，取消后的零售套餐不可恢复为有效套餐，但会在交易平台保留相关信息和编号。

3.4.2 零售套餐的价格及基准曲线

零售套餐电量价格机制由分时电量和分时电价（或分时电价机制）两部分构成。分时电量应按照百分比分解到每天 24 个小时，百分比保留两位小数，分解后及结算时的分时电量按千瓦·时取整（不保留小数）。分时电价（或分时电价机制）应分解到每天 24 个小时，电价单位是元/（兆瓦·时），保留一位小数。

电网企业结算电量按实际电量结算（即按照“日清”环节拟合的分时电量），零售套餐约定分解电量与实际结算电量偏差部分按偏差考核方式计算偏差考核费用。

3.4.3 零售套餐的类型

按照价格形成方式，零售套餐电量价格可分为固定价格类、阶梯价格类、市场费率类和混合类。

3.4.3.1 固定价格类

零售套餐或零售合同有效期内每天各时段价格固定。主要包括全周期（零售合同或零售套餐有效期内）统一价格套餐、分时段价格套餐、分月价格套餐等。以下简要举例说明固定价格类的各种套餐形式。

1. 全周期统一价格套餐

全周期统一价格套餐的特点是所有交易日、所有时段均执行相同的零售价格，见表 3－2。

表3－2　　全周期统一价格套餐（固定价格类）

时段	分时电量分解比例	分解电量/（千瓦·时）	各时段电价/［元/（千瓦·时）］
01	0.038 51	3081	0.285 65
02	0.038 51	3081	
03	0.038 51	3081	
04	0.038 51	3081	
05	0.038 51	3081	
06	0.038 51	3081	
07	0.038 51	3081	
08	0.038 51	3081	
09	0.042 83	3426	
10	0.042 83	3426	
11	0.045 08	3606	
12	0.045 08	3606	
13	0.045 62	3650	
14	0.043 38	3470	
15	0.043 38	3470	
16	0.043 38	3470	
17	0.042 26	3381	
18	0.042 26	3381	
19	0.042 26	3381	
20	0.042 26	3381	
21	0.042 26	3381	
22	0.042 26	3381	
23	0.043 38	3470	
24	0.043 42	3474	
约定日当日电量		80 000	

2. 分时段价格套餐

分时段价格套餐的特点是所有交易日统一划分为 n（$2 \leqslant n \leqslant 24$）个时段，每个时段内执行相同的零售价格，见表 3－3。

表 3－3　　分时段价格套餐（固定价格类）

时段	分时电量分解比例	分解电量/（千瓦·时）	各时段电价/［元/（千瓦·时）］
01	0.038 51	3081	245.15
02	0.038 51	3081	
03	0.038 51	3081	
04	0.038 51	3081	
05	0.038 51	3081	
06	0.038 51	3081	
07	0.038 51	3081	
08	0.038 51	3081	
09	0.042 83	3426	282.33
10	0.042 83	3426	
11	0.045 08	3606	
12	0.045 08	3606	
13	0.045 62	3650	
14	0.043 38	3470	263.43
15	0.043 38	3470	
16	0.043 38	3470	
17	0.042 26	3381	
18	0.042 26	3381	273.31
19	0.042 26	3381	
20	0.042 26	3381	285.65
21	0.042 26	3381	
22	0.042 26	3381	
23	0.043 38	3470	263.43
24	0.043 42	3474	
约定日当日电量		80 000	

注　分时段套餐所有交易日统一划分为 n 个时段，但时段划分要大于等于 2，小于等于 24。每个划分时段内执行相同价格。

3. 分月价格套餐

分月价格套餐的特点是套餐时间按月度划分为 m（$2 \leqslant m \leqslant 12$）个分月段，再将每个交易日统一划分为 n（$2 \leqslant n \leqslant 24$）个时段，每个月段中的每个时段执行相同的零售价格，见表 3－4。

表 3-4　　分月价格套餐（固定价格类）

时段	1~6 月			7~12 月		
	电量分解比例	分解电量/（千瓦·时）	时段电价/[元/（千瓦·时）]	电量分解比例	分解电量/（千瓦·时）	各时段电价/[元/（千瓦·时）]
01	0.038 51	3081	0.245 15	0.038 51	3273	0.247 22
02	0.038 51	3081		0.038 51	3273	
03	0.038 51	3081		0.038 51	3273	
04	0.038 51	3081		0.038 51	3273	
05	0.038 51	3081		0.038 51	3273	
06	0.038 51	3081		0.038 51	3273	
07	0.038 51	3081		0.038 51	3273	
08	0.038 51	3081		0.038 51	3273	
09	0.042 83	3426	0.282 33	0.042 83	3641	0.284 31
10	0.042 83	3426		0.042 83	3641	
11	0.045 08	3606		0.045 08	3831	
12	0.045 08	3606		0.045 08	3831	
13	0.045 62	3650		0.045 62	3878	
14	0.043 38	3470	0.263 43	0.043 38	3687	0.265 7
15	0.043 38	3470		0.043 38	3687	
16	0.043 38	3470		0.043 38	3687	
17	0.042 26	3381		0.042 26	3592	
18	0.042 26	3381	0.273 31	0.042 26	3592	0.275 54
19	0.042 26	3381		0.042 26	3592	
20	0.042 26	3381	0.285 65	0.042 26	3592	0.287 28
21	0.042 26	3381		0.042 26	3592	
22	0.042 26	3381		0.042 26	3592	
23	0.043 38	3470	0.263 43	0.043 38	3687	0.265 41
24	0.043 42	3474		0.043 42	3694	
	约定电量	80 000		约定电量	85 000	

3.4.3.2 阶梯价格类

阶梯价格类套餐将月度电量划分为 s（$2 \leqslant s \leqslant 4$）个用电阶梯，确定每个阶梯的电量值和每个阶梯的零售价格，每个阶梯内价格固定，各时段用电量根据阶梯划分标准从第一阶梯依次执行阶梯价格。市场主体为集团户的，出现阶梯超档时，超档部分电量按各分（子）户结算期内实际用电量比例分摊。以下以月阶梯价格套餐为例简要说明阶梯价格类的套餐形式，见表3－5。

表3－5 月阶梯价格套餐（阶梯价格类）

时段	第一阶梯			第二阶梯		
	电量分解比例	分解电量/（千瓦·时）	时段电价/［元/（千瓦·时）］	电量分解比例	分解电量/（千瓦·时）	各时段电价/［元/（千瓦·时）］
01	0.038 51	3081	0.245 15	0.038 51	3273	0.247 22
02	0.038 51	3081		0.038 51	3273	
03	0.038 51	3081		0.038 51	3273	
04	0.038 51	3081		0.038 51	3273	
05	0.038 51	3081		0.038 51	3273	
06	0.038 51	3081		0.038 51	3273	
07	0.038 51	3081		0.038 51	3273	
08	0.038 51	3081		0.038 51	3273	
09	0.042 83	3426		0.042 83	3641	
10	0.042 83	3426		0.042 83	3641	
11	0.045 08	3606		0.045 08	3831	
12	0.045 08	3606		0.045 08	3831	
13	0.045 62	3650		0.045 62	3878	
14	0.043 38	3470		0.043 38	3687	
15	0.043 38	3470		0.043 38	3687	
16	0.043 38	3470		0.043 38	3687	
17	0.042 26	3381		0.042 26	3592	
18	0.042 26	3381		0.042 26	3592	
19	0.042 26	3381		0.042 26	3592	
20	0.042 26	3381		0.042 26	3592	
21	0.042 26	3381		0.042 26	3592	
22	0.042 26	3381		0.042 26	3592	
23	0.043 38	3470		0.043 38	3687	
24	0.043 42	3474		0.043 42	3694	
	一阶电量	80 000及以下		二阶电量	80 000～1 000 000	

注 按月度分阶梯，也需要月度电量分解至每日和每个小时，表中，为了方便说明，省略了月度日电量分解（表中分解电量仅为了说明日电量分解方式）及第三和第四阶梯的过程。阶梯内电价也可以设置一个基准价格，如按第一阶梯为基准价格，套餐（或零售合同）内约定在第一阶梯电价的基础上第二至第四阶梯加价标准。

3.4.3.3 市场费率类

市场费率类零售套餐时段电量价格参照某一基准价格按月浮动。初期基准价格暂按电力现货市场分时段用电侧价格月度算术平均值执行，市场成熟后可以根据需求适当增加基准价格类型。

市场费率类零售套餐每月分时段价格均按照基准价格机制确定。按基准价格的不同分为以下两类。

（1）以现货市场用户侧实时结算价格月度算术平均值作为基准价格，计算公式为

$$Z_t=k\times P_{t,\text{实时平均}} \tag{3-1}$$

式中 Z_t——电量零售价格；

k——价格调整系数；

$P_{t,\text{实时平均}}$——现货市场用户侧实时结算价格月度算术平均值。

（2）以现货市场用户侧日前结算价格月度算术平均值作为基准价格，计算公式为

$$Z_t=k\times P_{t,\text{日前平均}} \tag{3-2}$$

式中 $P_{t,\text{日前平均}}$——现货市场用户侧日前结算价格月度算术平均值。

以下简要举例说明市场费率类套餐的套餐形式，见表3－6。

表3－6 市场费率类套餐

时段	分时电量分解比例	分解电量/（千瓦·时）	基准价格	价格调整系数
01	0.038 51	3081	实时	1.4
02	0.038 51	3081		1.4
03	0.038 51	3081		1.4
04	0.038 51	3081		1.4
05	0.038 51	3081		1.4
06	0.038 51	3081		1.4
07	0.038 51	3081		1.4
08	0.038 51	3081		1.4
09	0.042 83	3426		1.4
10	0.042 83	3426		1.4
11	0.045 08	3606		1.4
12	0.045 08	3606		1.4

续表

时段	分时电量分解比例	分解电量/（千瓦·时）	基准价格	价格调整系数
13	0.045 62	3650	实时	1.4
14	0.043 38	3470		1.4
15	0.043 38	3470		1.4
16	0.043 38	3470		1.4
17	0.042 26	3381		1.4
18	0.042 26	3381		1.4
19	0.042 26	3381		1.4
20	0.042 26	3381		1.4
21	0.042 26	3381		1.4
22	0.042 26	3381		1.4
23	0.043 38	3470		1.4
24	0.043 42	3474		1.4
约定日当日电量		80 000		

注　实时基准价格和日前基准价格方式一致，不再列举格式。

3.4.3.4　混合类

混合类零售套餐是在固定价格类和市场费率类套餐的基础上，首先确定固定价格类电量比例 $a\%$（$1\leqslant a\leqslant 99$），然后依次确定固定价格和市场费率类电价形成机制，两部分电价加权平均即为混合类套餐各时段电能量价格。其中混合类套餐首先约定固定套餐电量比例（固定电量比例要大于 1%小于 99%），固定套餐约定电量比例以外的电量按照市场费率类结算。

混合类主要包括以下几种类型。

（1）全周期内统一价格套餐。所有交易日、所有时段均执行相同的零售价格。

（2）分时段套餐。所有交易日统一划分为 n（$2\leqslant n\leqslant 24$）个时段，每个时段内执行相同的零售价格。

（3）分月套餐。套餐时间按月度划分为 m（$2\leqslant m\leqslant 12$）个分月段，再将每个交易日统一划分为 n（$2\leqslant n\leqslant 24$）个时段，每个月段中的每个时段执行相同的零售价格。

以下简要举例说明混合类套餐的套餐形式，见表 3－7。

表3-7　　混合类套餐

1. 费率套餐		
基准价格选择	现货市场实时结算价格	
价格调整系数	0.5	
2. 固定套餐		
套餐结算方式	全周期固定	
套餐价格/［元/（千千瓦·时）］	283.27	
固定套餐结算电量比例	70%	
3. 电量分解比例		
时段	分时电量分解比例	分解电量/（千瓦·时）
01	0.038 51	3081
02	0.038 51	3081
03	0.038 51	3081
04	0.038 51	3081
05	0.038 51	3081
06	0.038 51	3081
07	0.038 51	3081
08	0.038 51	3081
09	0.042 83	3426
10	0.042 83	3426
11	0.045 08	3606
12	0.045 08	3606
13	0.045 62	3650
14	0.043 38	3470
15	0.043 38	3470
16	0.043 38	3470
17	0.042 26	3381
18	0.042 26	3381
19	0.042 26	3381
20	0.042 26	3381
21	0.042 26	3381
22	0.042 26	3381
23	0.043 38	3470
24	0.043 42	3472
约定当日电量		80 000

注　混合类套餐按照以上套餐列举格式可组合成多种形式，不再一一列举。

3.4.4 零售套餐的违约金

1. 违约金的解除和计算

根据零售市场交易规则，售电公司与代理用户应在零售套餐（合同）中约定至少 1 条可执行的解约条款。解除方式主要有 3 种。

方式一：售电公司与代理用户协商解除零售套餐（合同），双方中任何一方提出解约，另一方确认即解除。

方式二：售电公司与代理用户协商解除零售套餐（合同），但解除后其代理用户仍选择该售电公司的其他套餐。新套餐自下月（下一结算周期）生效。

方式三：违约金强制解除，按照零售套餐设置的违约金，售电公司和代理用户双方可通过支付违约金的方式解除零售套餐（合同）。

违约金按分段式计算，即

$$\begin{cases} C_1 & (\mu \leqslant C_1) \\ \mu = P_{已} \times b\% \times \dfrac{M_{总}}{M_{已执行}} & (C_1 < \mu < C_2) \\ C_2 & \mu \geqslant C_2 \end{cases} \tag{3-3}$$

式中 μ——应付违约金；

$P_{已}$——已执行月份的代理用户费用，此处费用指市场化交易电费，不包括偏差考核费、输配电费、基本电费、功率因数调整（力调）电费、政府性基金及附加费；

b——违约金系数；

$M_{总}$——零售套餐约定期限月份；

$M_{已执行}$——零售套餐已经执行月份；

C_1——违约金最低金额；

C_2——违约金最高金额。

当违约金小于等于设置违约金最低金额时，支付违约金最低金额 C_1；当违约金大于设置违约金最低金额、小于违约金最高金额时，支付违约金金额μ；当违约金大于等于设置违约金最高金额时，支付违约金最高金额 C_2。

市场主体为集团用户的，违约金由电网企业按集团户各分（子）户实际电量占集团户总电量比例分摊。

2. 违约金的收取、汇总及发送

按照违约主体不同，根据套餐约定方式计算出的违约金随电费一并加（减）收。

用户侧违约产生的违约金，由营销部计算后随电费一并加收，并将违约金计算结果及涉及售电公司汇总后发送交易中心，交易中心随售电公司应得费用一并发送财务部，财务部负责向售电公司支付违约金。

售电公司违约产生的违约金，由营销部计算后随电费一并减收，并将违约金计算结果发送交易中心进行公示，售电公司向财务部支付违约金后纳入电费应收。

违约金的汇总及发送样式见表3－8。

表3－8　　违约金的汇总及发送样式

售电公司名称	代理用户					售电公司		违约电费金额/元	套餐期限/月	解约月份	套餐编码（依据）
	用户名称	用户地址	管理单位	联系人	联系方式	联系人	联系方式				
A售电公司	A1							10	12	5	×××××××
	A2							0	12	0	××××××
	A3							20	12	6	××××××
	合计							30	36	11	
售电公司名称	代理用户					售电公司		违约电费金额/元	套餐期限/月	解约月份	套餐编码（依据）
	用户名称	用户地址	管理单位	联系人	联系方式	联系人	联系方式				
B售电公司	B1							－10	12	5	××××××
	B2							0	12	0	××××××
	B3							－20	12	6	××××××
	合计							－30	36	11	

3.4.5　零售套餐的门槛惩罚电价

售电公司针对某种零售合同（套餐）可选择设定门槛惩罚性电价，避免不符合门槛条件的电力用户选择该零售合同（套餐）。比如：某售电公司针对年用电量500万千瓦·时的用户制定某种套餐，为了约束年用电量低于500万千瓦·时用户的选择，在该套餐中设置了门槛惩罚电价，如选择该套餐的电力用户年用电量达不到500万千瓦·时，则按照门槛惩罚电价计算惩罚电费。零售套餐门槛设置方法可选择以下一条或多条。

（1）按用户行业分类设置。

（2）按用户计量条件（分时计量或按峰平谷分段计量）设置。

（3）按用户年用电量设置。

（4）按用户月用电量设置。

条件（3）、（4）不作为选择套餐的前置条件，但可以设置惩罚性电价机制。当用户实际年（月）用电量小于该基准电量时，售电公司在套餐内设置基准年（月）用电量和相应的惩罚价格 $P_{罚,年}$（$P_{罚,月}$），用户需缴纳的惩罚金 $F_{罚}$为用户实际年（月）用电量和基准年（月）用电量的差值 $Q_{差}$与 $P_{罚,年}$（$P_{罚,月}$）的乘积。计算公式为

$$F_{罚}=Q_{差}\times P_{罚,年}\ (P_{罚,月}) \tag{3-4}$$

3.5 零售市场的偏差考核

根据零售市场交易规则，售电公司与代理用户在零售套餐或零售合同中应约定电量偏差考核处理方式，偏差考核可以按照月度、日、小时为周期进行电量偏差考核，双方也可以在套餐合同中约定不对用户进行考核[30]。

零售套餐可以设置基于基准曲线的偏差考核或基于用户申报电量的偏差考核。市场主体为集团用户的，偏差考核费按分（子）户结算期内实际用电量比例分摊偏差考核费用。

3.5.1 月度（日）用电总量偏差考核法

月度（日）用电总量偏差考核法应将考核阈值、考核价格分解至月（日）。以电力零售用户购买的月度（日）总用电量为基准值 $Q_{基准}$。当用户实际用电量超出基准值时，x_1（%）以内的多用电量免于偏差考核，x_1（%）以外的多用电量按照其月度加权平均电能量价格的 y_1（%）收取偏差考核费用；当用户实际用电量少于基准值时，x_2（%）以内的少用电量免于偏差考核，x_2（%）以外的少用电量按照其月度加权平均电能量价格的 y_2（%）收取偏差考核费用[31]。月度用电总量偏差考核法示例见表 3－9。日用电总量偏差考核法示例见表 3－10。

表 3－9　　月度用电总量偏差考核法示例

月份	月度约定总电量/（千瓦·时）	超基准值比例（%）	低基准值比例（%）	价格考核比例（%）
1 月	5000	6	2	0.3
2 月	6000	6	2	0.3
3 月	7000	6	2	0.3

续表

月份	月度约定总电量/（千瓦·时）	超基准值比例（%）	低基准值比例（%）	价格考核比例（%）
4月	8000	6	2	0.3
5月	8000	6	2	0.3
6月	8000	6	2	0.3
7月	8000	6	2	0.3
8月	8000	6	2	0.3
9月	8000	6	2	0.3
10月	8000	6	2	0.3
11月	8000	6	2	0.3
12月	7000	6	2	0.3

注 超出基准值约定比例，超出约定比例以外的电量按月度加权平均价格比例考核；低于基准值约定比例，低于约定比例以外的电量按月度加权平均价格比例考核。

表3-10 日用电总量偏差考核法示例

日期	日约定总电量/（千瓦·时）	超基准值比例（%）	低基准值比例（%）	实时价格考核比例（%）
1日	5000	6	2	0.3
2日	6000	6	2	0.3
3日	7000	6	2	0.3
4日	8000	6	2	0.3
5日	8000	6	2	0.3
6日	8000	6	2	0.3
7日	8000	6	2	0.3
8日	8000	6	2	0.3
9日	8000	6	2	0.3
10日	8000	6	2	0.3
11日	8000	6	2	0.3
12日	7000	6	2	0.3
13日	5000	6	2	0.3
14日	6000	6	2	0.3
15日	7000	6	2	0.3
16日	8000	6	2	0.3
17日	8000	6	2	0.3
18日	8000	6	2	0.3

续表

日期	日约定总电量/（千瓦·时）	超基准值比例（%）	低基准值比例（%）	实时价格考核比例（%）
19日	8000	6	2	0.3
20日	8000	6	2	0.3
21日	8000	6	2	0.3
22日	8000	6	2	0.3
23日	8000	6	2	0.3
24日	7000	6	2	0.3
25日	5000	6	2	0.3
26日	6000	6	2	0.3
27日	7000	6	2	0.3
28日	8000	6	2	0.3
29日	8000	6	2	0.3
30日	8000	6	2	0.3

注　超出基准值约定比例，超出约定比例以外的电量按月度加权平均价格比例考核；低于基准值约定比例，低于约定比例以外的电量按月度加权平均价格比例考核。

3.5.2　月度分时段用电总量偏差考核法

月度分时段偏差电量考核法以电力零售用户申报的某个或多个时段月度总用电量为基准值 $Q_{基准}$。当用户实际用电量超出基准值时，x_1（%）以内的多用电量免于偏差考核，x_1（%）以外的多用电量按照该时段其月度加权平均电能量价格的 y_1（%）收取偏差考核费用；当用户实际用电量少于基准值时，x_2（%）以内的少用电量免于偏差考核，x_2（%）以外的少用电量按照该时段其月度加权平均电能量价格的 y_2（%）收取偏差考核费用。月度各时段考核费用之和为售电公司向用户收取的月度总偏差考核费用[32]。月度分时段偏差考核法示例见表 3－11。

表 3－11　　　　月度分时段偏差考核法示例

月份	时段	时段总电量/（千瓦·时）	超基准值比例（%）	低基准值比例（%）	实时价格考核比例（%）
5月	01	3404	6	2	0.3
	02	3404	6	2	0.3
	03	3404	6	2	0.3

续表

月份	时段	时段总电量/（千瓦·时）	超基准值比例（%）	低基准值比例（%）	实时价格考核比例（%）
5月	04	3404	6	2	0.3
	05	3404	6	2	0.3
	06	3404	6	2	0.3
	07	3404	6	2	0.3
	08	3404	6	2	0.3
	09	3786	6	2	0.3
	10	3786	6	2	0.3
	11	3984	6	2	0.3
	12	3984	6	2	0.3
	13	4033	6	2	0.3
	14	3834	6	2	0.3
	15	3834	6	2	0.3
	16	3834	6	2	0.3
	17	3735	6	2	0.3
	18	3735	6	2	0.3
	19	3735	6	2	0.3
	20	3735	6	2	0.3
	21	3735	6	2	0.3
	22	3735	6	2	0.3
	23	3834	6	2	0.3
	24	3840	6	2	0.3

注 1. 超出基准值约定比例，超出约定比例以外的电量按月度加权平均价格比例考核；低于基准值约定比例，低于约定比例以外的电量按月度加权平均价格比例考核。

2. 月度各时段考核费用之和为售电公司向用户收取的月度总偏差考核费用。

3.5.3 日时段偏差电量考核法

日时段偏差电量考核法以电力零售用户申报的日用电曲线中每小时用电量为基准值 $Q_{基准}$。当用户该小时内实际用电量超出基准值时，x_1（%）以内的多用电量免于偏差考核，x_1（%）以外的多用电量按照该时段现货实时市场用电侧电量价格的 y_1（%）收取偏差考核费用；当用户实际用电量少于基准值时，x_2（%）以内的少用电量免于偏差考核，x_2（%）以外的少用电量按照该时段现货实时市场用电侧电量价格的 y_2（%）收取偏差考核费用。月内各小时考核费用之和为售电公司向用户收取的月度总偏差考核费用[33]。日时段偏差电量考核法示例见表 3－12。

表 3－12　　日时段偏差电量考核法示例

日期	时段	时段电量/（千瓦·时）	超基准值比例（%）	低基准值比例（%）	实时价格考核比例（%）
3 日	01	3404	6	2	0.3
	02	3404	6	2	0.3
	03	3404	6	2	0.3
	04	3404	6	2	0.3
	05	3404	6	2	0.3
	06	3404	6	2	0.3
	07	3404	6	2	0.3
	08	3404	6	2	0.3
	09	3786	6	2	0.3
	10	3786	6	2	0.3
	11	3984	6	2	0.3
	12	3984	6	2	0.3
	13	4033	6	2	0.3
	14	3834	6	2	0.3
	15	3834	6	2	0.3
	16	3834	6	2	0.3
	17	3735	6	2	0.3
	18	3735	6	2	0.3
	19	3735	6	2	0.3
	20	3735	6	2	0.3
	21	3735	6	2	0.3
	22	3735	6	2	0.3
	23	3834	6	2	0.3
	24	3840	6	2	0.3

注　1. 超出基准值约定比例，超出约定比例以外的电量按月度加权平均价格比例考核；低于基准值约定比例，低于约定比例以外的电量按月度加权平均价格比例考核。

2. 说明：月内各小时考核费用之和为售电公司向用户收取的月度总偏差考核费用。

4

现货零售套餐业务结算体系

参考《国家发展改革委办公厅、国家能源局综合司关于开展电力现货市场建设试点工作的通知》（发改办能源〔2017〕1453 号）等文件，现以已开展零售交易的某省为例介绍电力零售套餐业务结算体系。

4.1 电力零售业务结算周期

零售市场以自然月为周期开展零售市场结算。售电公司根据代理用户实际用电量及零售合同约定条款计算零售用户的本月零售电价，报送交易中心，并经零售用户在 2 个工作日内通过交易平台审核确认，逾期没有提出异议视同确认。

4.2 电力零售业务结算原则

1. *零售用户结算原则*

电力交易机构根据零售用户签订的双边零售合同或其选定的零售套餐以及发电固定成本价格，按照电网公司传送的用户分时电量，计算其电量电费和考核费用；将售电公司所有零售合同的电量电费和考核费用汇总，形成售电公司的销售电费和考核收入。

交易机构将零售用户和售电公司的电量电费和考核费用结果通过零售平台进行公示，售电公司及签约用户确认后，电力交易机构将确认结果发送给电网企业作为市场电费的结算依据。电网企业根据输配电价、政府性基金收取标准、功率因数考核标准、线损管理规定对零售用户输配电费、基金费用、功率因数奖惩费用、线损费用进行核算，连同市场电费一并由电网公司进行结算。

2. 零售结算数据形式及来源

零售市场售电公司的销售收入和考核收入、零售用户的电量电费和考核费用，由交易机构按日公示，用户和售电公司按日审核、按月确认，按月汇总后发送给电网企业作为结算依据。

3. 计量数据校验处理

零售市场结算电量的计量点、计量装置、校验要求和异常处理办法按电网企业与电力用户签订的《高低压用电合同》约定执行。

4. 零售合同违约金处理

零售合同违约金由电力交易机构负责核算，并将违约金及违约方、被违约方发送给电网公司，由电网公司向违约方代收，并在一个月内支付给被违约方。代收资金和支付资金均与当月电费一并结算。

4.3 电力零售业务结算主体

电力零售业务结算涉及电量、电价及其他各项费用，参与主体包括电网企业、交易中心、电力调度机构、发电企业、售电公司及电力用户。

（1）电网企业负责向电力交易机构提供售电公司和批发用户每天 24 小时各时段用电量等结算准备数据。电网企业负责接受日清算电量电费和月清算费用信息，按照电力交易机构出具的结算依据，负责市场主体的电费结算及收付，及时向电力交易机构反馈市场电费结算、市场主体欠费情况。

（2）电力调度机构负责向电力交易机构提供日前及实时市场 96 点出清电量及出清价格、机组启停次数、必开及供热等特殊机组信息、机组检修、机组非计划停运、辅助服务费用、机组考核相关数据等基本结算数据。

（3）发电企业依据合同获取相关方履行合同的信息、资料及查阅计量数据，在临时结算结果公示后审核确认本企业结算结果并反馈意见。

（4）售电公司在合同有效期内依据合同获取相关方履行合同的信息、资料及查阅计量数据。在交易系统上填写并确认零售价格等信息，在临时结算结果公示后审核确认本企业结算结果并反馈意见。

（5）电力用户按规定获取相关方履行合同的信息、资料及查阅计量数据，在交易系统填写、确认用电户号和计量点号，零售用户可查询与售电公司的合同关系、零售价格等信息。

用户电费结算过程中的各市场主体职责如图 4－1 所示。

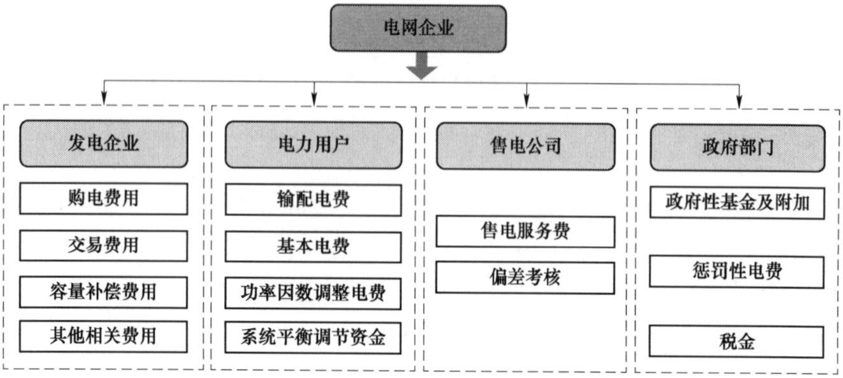

电网企业

发电企业：购电费用、交易费用、容量补偿费用、其他相关费用

电力用户：输配电费、基本电费、功率因数调整电费、系统平衡调节资金

售电公司：售电服务费、偏差考核

政府部门：政府性基金及附加、惩罚性电费、税金

图 4－1　用户电费结算过程中的各市场主体职责

4.4　电力零售业务结算流程

电力零售交易结算主要涉及从抄表至费用结算的各流程，整体结算流程如图 4－2 所示。

下面对零售交易的结算流程及时间节点进行详细描述。

4.4.1　抄表及日清电量计算

（1）抄表段（册）管理。将市场化交易用户抄表册（段）纳入智能抄核管理，在营销系统实现日清电量自动化抄表核算。现货交易及零售市场开展初期，市场化交易用户抄表册按交易属性区分直接交易用户、零售代理用户、零售套餐用户。

（2）日清抄表计划管理（D+1 日）。市场交易用户按照批发市场要求，由营销业务系统 D+1 日发起抄表计划。

（3）抄表数据获取（D+2 日）。计量专业在 D+2 日内对采集当天的数据进行处理，即当天数据采集后在 2 日内通过补召等方式完成采集示数缺失等异常处理。

具备现货分时计量条件的，用户自动获取 24 节点表码，获取数据无异常的自动发送至“数据复核”环节，无法通过采集系统补招及时获取抄表数据的，且 2 日内无法消缺处理的，由营销系统按《现货市场交易规则》电量拟合办法

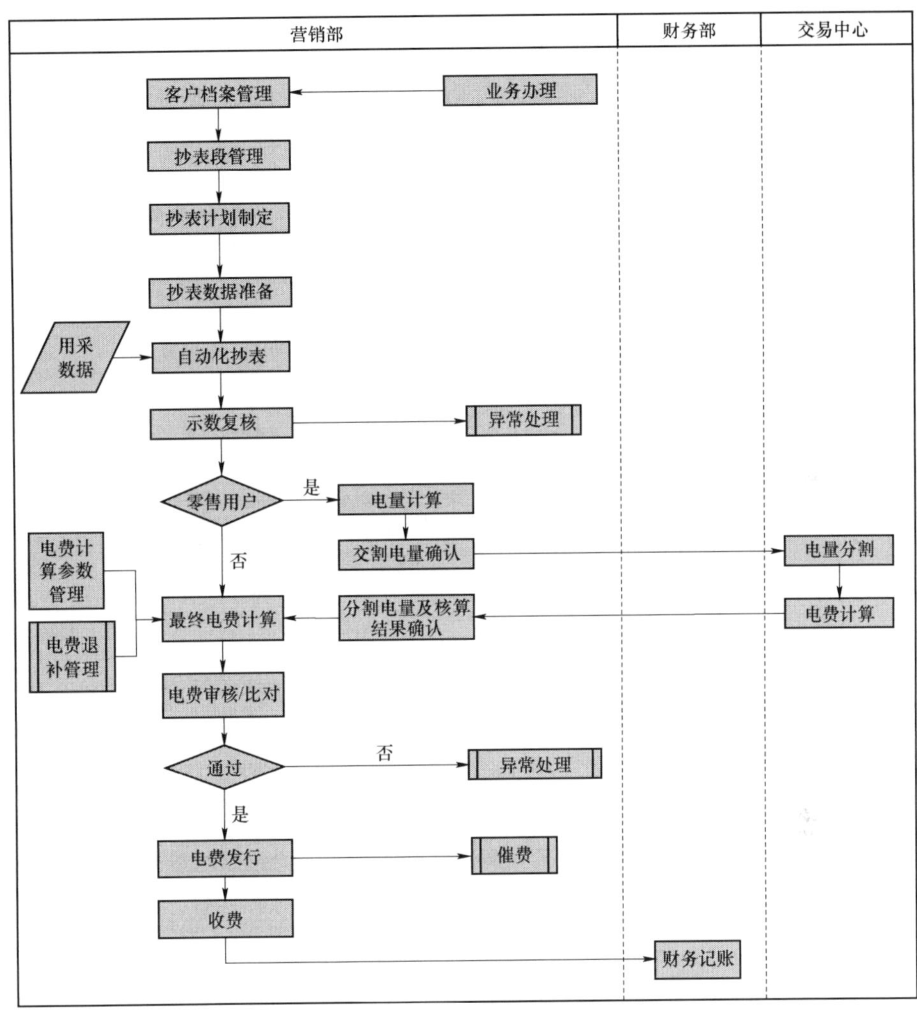

图 4-2　电力零售交易结算流程

拟合生成缺失数据后发送至“数据复核”环节。

不具备现货分时计量条件的，根据系统获取的尖、峰、平、谷各时段电量，由营销业务系统按照《零售市场交易规则》的分时电量拟合办法平均分解到对应时段，拟合分解后的 24 小时表码数据，自动发送至“数据复核”环节进行复核。

分时电量拟合是根据用户自身市场化用电情况进行，按照尖峰、峰、谷、平时段分别计量市场化用户的用电量，使用算数平均方法分解得到各小时用电量，计算方法如下。

（1）（1～5 月、9～12 月）分时电量拟合步骤。

1）根据市场化用户每天 8:30～11:30、16:00～21:00 的用电量，计算峰时段总用电量，除以峰时段时长 8 小时，得到峰时段每小时电量。

2）根据市场化用户每天 0:00～7:00、23:00～24:00 的用电量，计算谷时段总用电量，除以谷时段时长 8 小时，得到谷时段每小时电量。

3）根据市场化用户每天 7:00～8:30，11:30～16:00，21:00～23:00 的用电量，计算平时段总用电量，除以平时段时长 8 小时，得到平时段每小时电量。

4）每天 8:00～9:00、11:00～12:00 两个时段的用电量，按照峰段半小时电量、平段半小时电量相加计算得出。

5）将上述计算得到的每小时电量作为该市场化用户参与市场结算的依据。

（2）（6～8 月）分时电量拟合步骤。

1）根据市场化用户每天 10:30～11:30、19:00～21:00 的用电量，计算尖峰时段总用电量，除以尖峰时段时长 3 小时，得到尖峰时段每小时电量。

2）根据市场化用户每天 8:30～10:30、16:00～19:00 的用电量，计算峰时段总用电量，除以峰时段时长 5 小时，得到峰时段每小时电量。

3）根据市场化用户每天 0:00～7:00、23:00～24:00 的用电量，计算谷时段总用电量，除以谷时段时长 8 小时，得到谷时段每小时电量。

4）根据市场化用户每天 7:00～8:30、11:30～16:00、21:00～23:00 的用电量，计算平时段总用电量，除以平时段时长 8 小时，得到平时段每小时电量。

5）每天 8:00～9:00 时段的用电量，按照峰段半小时电量、平段半小时电量相加计算得出。每天 10:00～11:00、11:00～12:00 两个时段的用电量，按照峰段半小时电量、尖峰段半小时电量相加计算得出。

6）将上述计算得到的每小时电量作为该市场化用户参与市场结算的依据。

（4）抄表数据复核（D+2 日 17:30 前）。在数据复核环节对市场交易用户电量同比、环比波动超过设定阈值、示数翻转等异常进行复核，对市场化现货交易节点电量波动超设定阈值进行异常提示；对数据获取环节由系统拟合数据的用户进行提示，由抄表人员进行重点审核。对数据复核环节经过检验规则发现异常的进行人工订正，无异常的自动发送至电量交割计算环节。

（5）市场化电量的交割计算（D+3 日 17:00 前）。在售电系统交割电量计算环节，对市场化交易用户 24 点电量按照用户计量点属性，交割区分参与市场化电量、非市场化电量。交割计算时首先按日计算变损及线损电量，变损、线损电量根据 24 点分时比例分摊到相应时段电量；其次交割计算居民、农业等非市场化电量。控制不能提前发送交易中心，*D*+3 只能发 *D* 日数据。

（6）电量数据的发送（*D*+3 日 17:00 前）。系统完成电量交割计算后，按照批发市场及零售市场要求，在 *D*+3 日内分别将交割计算后的分时电量（分时电量含变损及线损）发送至交易中心及智慧能源平台。电量发送需要增加校验，即发送日期=*D*+3，如果发送日期＞*D*+3 或发送日期＜*D*+3 都不允许发送交易中心和智慧能源平台。

直接交易用户将交割后的电量按户号发送至交易中心和智慧综合能源平台。

按售电代理关系将零售用户电量信息“打包”发送至交易中心，按户号发送至智慧能源平台，智慧能源平台依据发送结果生成用电曲线。

4.4.2 市场结算依据的获取

直接交易用户仍按批发市场模式，接收交易中心发送的市场电量、电价后，营销侧计算市场化电费及输配电费、政府性基金及附加费。

零售代理用户在零售市场建立后，零售套餐按月由交易平台每月 24 日前通过线上方式传递售电系统（暂定），售电系统根据套餐中的零售代理关系自动匹配零售套餐价格形式、违约金计算、偏差考核费用计算等计费信息。购售同期抄表前，零售套餐次月（或下一结算周期）生效，购售同期调整后在次月 1 日生效。注：此需求默认系统已实现购售同期，若 2 月用户选择绑定套餐，3 月用电开始执行新套餐，则 4 月算费（用电量属 3 月）按照新套餐算费计费。

市场结算依据的获取每月 24 日前完成，结算依据的接收分为以下情况。

（1）非市场化用户（之前在交易平台注册成功但暂未进行交易的用户）变更为市场化零售用户。

（2）市场化零售用户 A 套餐变更为 B 套餐（可能涉及售电公司变更）。

4.4.3 月度电量电费结算

月度电量电费的结算模式方面，零售市场建立后，直接交易用户仍在批发市场进行结算，结算方式保持不变。零售用户根据零售合同或零售套餐计算市场化交易电费（包括偏差考核、违约金）后，累计输配电费、基本电费、功率因数调整（力调）电费、政府性基金及附加费，形成零售用户最终电费账单。营销部负责按月将代理用户市场化电费及偏差考核汇总形成售电公司销售电费和考核收入，并将售电公司销售电费和考核收入发送交易中心。交易中心负责对售电公司销售电费和考核收入进行公示，并依据销售电费、考核收入、批发市场结算依据计算售电公司应得费用。

违约金的结算处理方面，根据零售市场交易规则，零售套餐或零售合同可解约，当售电公司和电力用户双方友好协商解约时，不产生违约金，当双方采取强制解约时，售电公司或电力用户解约的一方需要支付违约金。营销侧接收交易中心违约信息后，根据零售套餐设置的违约金计算方式，对违约用户按月计算违约金。

（1）用户侧违约产生的违约金，由营销部计算后随电费一并加收，并将违约金计算结果及涉及售电公司发送财务部，财务部负责向售电公司支付违约金。

（2）售电公司违约产生的违约金，由营销部计算后随电费一并减收，并将违约金计算结果发送交易中心进行公示，售电公司向财务部支付违约金后纳入电费应收。

偏差考核的结算处理方面，根据零售市场交易规则，售电公司与代理用户在零售套餐或零售合同中应约定电量偏差考核处理方式，售电公司也可以在套餐内与代理用户约定不对用户进行考核。偏差考核可以按照月度、日、小时为周期进行电量偏差考核，但售电公司与代理用户应明确考核费用具体计算方法。

月结需要重新按照现有系统规则计算用户的结算电量，月结交割总电量与本月日清电量合计不相等时，差别电量按照日清加权平均电价进行计费，算入交易电费中。计算公式为

差别电量=月结交割电量－本月日清电量合计

日清加权平均电价=日清总电费÷日清总电量

差别电费=差别电量×日清加权平均电价

直接交易用户算法变更，交易中心按照日清总电量清分省内省外和现货电量电价，计算公式为

直接交易用户的交易电费=［（日清省内电量×日清省内电价）＋（日清省外电量×日清省外电价）＋（日清现货电量×日清现货电价）］＋［（月结总交割电量－日清总电量）×（日清中长期和现货的加权平均电价）］

日清中长期和现货的加权平均电价=［（日清省内电量×日清省内电价）＋（日清省外电量×日清省外电价）＋（日清现货电量×日清现货电价）］÷日清总电量

4.4.4 售电公司销售电费计算

零售市场建立后，营销侧负责按月将代理用户市场化电费及偏差考核汇总形成售电公司销售电费和考核收入，并将售电公司销售电费和考核收入发送交易中心。交易中心负责对售电公司销售电费和考核收入进行公示，并依据销售电费、考核收入、批发市场结算依据计算售电公司应得费用。

4.5 电力零售套餐电费计算方法

零售套餐电费中包含两部分电费的计算，分别为零售交易电费和偏差考核电费，现货交易平台中设置的两部分电费计算步骤如下。

4.5.1 零售交易电费计算

4.5.1.1 固定价格类套餐电费计算

固定价格类分为全周期统一价格、分时段价格套餐、分月套餐，这 3 种套餐均需在合同中规定生效的月份、各时段的电价。

固定价格类套餐电费计算步骤如下。

（1）按照市场化计量点加载日清电量数据。

（2）将日清电量按照零售套餐用户进行汇总，得出每个零售套餐用户每个时段的总电量。

（3）按照零售套餐用户汇总月结电量，得出每个零售套餐用户的月结总电量。

（4）按照固定套餐内每个时段的电价计算零售套餐用户每个时段的电费。

（5）汇总零售套餐用户每个时段的电量电费，得出日清总电量和总零售交易电费。

（6）加权均价=总零售交易电费÷日清总电量。

（7）零售套餐用户零售交易电费=月结总电量×加权均价。

4.5.1.2 阶梯价格类套餐电费计算

阶梯价格类套餐电费计算步骤如下。

（1）按照零售套餐用户汇总月结电量，得出每个零售套餐用户的月结总电量。

（2）按照市场主体汇总月结电量，得出每个市场主体的月结总电量。

（3）按照市场主体和零售套餐用户的对应关系计算出市场主体下零售套餐用户的月结电量比例。

（4）根据阶梯电量范围和市场主体月结总电量计算出市场主体每档的电量。

（5）根据零售套餐用户月结电量比例分摊市场主体每档的电量。

（6）零售套餐用户每档的电量乘以每档电价，得出每档的电费。

4.5.1.3 市场费率类套餐电费计算

市场费率类套餐电费计算步骤如下。

（1）按照市场化计量点加载日清电量数据。

（2）将日清电量按照零售套餐用户进行汇总，得出每个零售套餐用户每个时段的总电量。

（3）按照零售套餐用户汇总月结电量，得出每个零售套餐用户的月结总电量。

（4）根据基准价格的计算方式，判断按日前价格还是实时价格计算，基准价格为日前或实时价格的算术平均值（每个时段都有对应的基准价格，计算一个月内的算术平均值，在录入档案时先计算完成，算法直接取算术平均值）。

（5）将电量、电价、价格调整系数相乘，得出零售套餐用户每个时段的电费。

（6）汇总零售套餐用户每个时段的电量电费，得出日清总电量和总零售交易电费。

（7）加权均价=总零售交易电费÷日清总电量。

（8）零售套餐用户零售交易电费=月结总电量×加权均价。

4.5.1.4 混合类套餐电费计算

混合类套餐电费计算步骤如下。

（1）按照市场化计量点加载日清电量数据。

（2）将日清电量按照零售套餐用户进行汇总，得出每个零售套餐用户每个时段的总电量。

（3）按照零售套餐用户汇总月结电量，得出每个零售套餐用户的月结总电量。

（4）根据固定套餐结算电量比例计算得出零售套餐用户固定套餐部分的每个时段的实际用电量。

（5）固定套餐部分每个时段的电量乘以电价得出每个时段的电费。

（6）每个时段的总电量减去固定套餐部分的电量，得出费率类部分每个时段的实际用电量。

（7）根据基准价格计算方式和价格调整系数，计算出每个时段的基准价格，乘以对应时段电量，得出每个时段的电费。

（8）将固定部分和费率部分的电量电费汇总，得出日清总电量和总零售交易电费。

（9）加权均价=总零售交易电费÷日清总电量。

（10）零售套餐用户零售交易电费=月结总电量×加权均价。

4.5.2　偏差考核电费计算

偏差考核电费分为月度（日）用电总量偏差考核法、月度分时段用电总量偏差考核法、日时段偏差考核法 3 种。前两种的电价为加权平均价，最后一种是日清各个时段的实时价格。加权均价的计算为

加权均价=市场主体零售交易总电费÷市场主体日清总电量

偏差考核电费要先按照市场主体进行计算，然后按照零售套餐用户日清电量比例分摊到每一户上。

4.5.2.1　月度（日）用电总量偏差考核电费计算

1. 月度用电总量偏差考核法

月度用电总量偏差考核电费计算步骤如下。

（1）将日清电量分别按照市场主体和零售套餐用户汇总，得出市场主体日清总电量和零售套餐用户日清总电量。

（2）根据上述电量计算每个零售套餐用户的日清电量比例。

（3）将市场主体日清总电量和套餐月度约定总电量进行比较，得出偏差电量。

（4）按照基准值比例和价格考核比例计算市场主体偏差考核电费（电价为加权平均价），电费条数为 1 条。

（5）按照市场主体下零售套餐用户结算电量比例分摊市场主体的偏差考核电费。

2. 日用电总量偏差考核法

日用电总量偏差考核电费计算步骤如下。

（1）将日清电量汇总，得出市场主体月内每天的总电量和月内日清总电量，

以及零售套餐用户的月内日清总电量。

（2）根据市场主体月内日清总电量和零售套餐用户月内日清总电量计算结算电量比例。

（3）将市场主体日总电量和日约定电量进行比较，得出每天的偏差电量。

（4）按照基准值比例和价格考核比例计算市场主体偏差考核电费（电价为加权平均价），电费条数为每月的天数。

（5）按照市场主体下零售套餐用户结算电量比例分摊市场主体的偏差考核电费。

4.5.2.2 月度分时段用电总量偏差考核法

月度分时段用电总量偏差考核电费计算步骤如下。

（1）将日清电量汇总，得出市场主体月内每个时段的总电量和月内日清总电量，以及零售套餐用户月内日清总电量。

（2）根据市场主体月内日清总电量和零售套餐用户月内日清总电量，计算结算电量比例。

（3）将市场主体月内每个时段的总电量和月内时段约定电量进行比较，得出每个时段的偏差电量。

（4）按照基准值比例和价格考核比例市场主体计算偏差考核电费（电价为加权平均价），电费条数为 24 条。

（5）按照市场主体下零售套餐用户结算电量比例分摊市场主体的偏差考核电费。

4.5.2.3 日时段偏差电量考核法

日时段偏差电量考核电费计算步骤如下。

（1）将日清电量汇总，得出市场主体日清总电量和每天每个时段的总电量，以及零售套餐用户日清总电量。

（2）根据市场主体日清总电量和零售套餐用户计算每个零售套餐用户的结算电量比例。

（3）将市场主体每天每个时段的电量和约定的电量进行比较，得出偏差电量。

（4）按照基准值比例和价格考核比例计算市场主体偏差考核电费（日清各个时段的实时价格），电费条数为（24×天数）条。

（5）按照市场主体下零售套餐用户结算电量比例分摊市场主体的偏差考核电费。

4.6 电力用户电量电费退补管理

对于电力交易机构月度结算依据发布前发现的当月差错退补事项，重新计算有关市场主体的结算电费；对结算依据发布后发现的当月差错退补事项，按市场主体该结算周期加权价格进行偏差结算，用户侧电量出现差错时，计算发电侧联动调整电费并纳入不平衡资金管理；发电侧电量出现差错时，不联动影响其他市场主体。差错退补调整追溯期原则上自月度结算依据发布之日起不超过 36 个月。

由于历史发用电量计量差错、技术支持系统异常等原因需要进行电费退补调整的，由电力交易机构根据电网企业推送的修正电量等结算准备数据，重新计算有关市场主体的结算电费。电量差错退补调整追溯期原则上自月度结算依据发布之日起不超过 36 个月。

月度结算前发生的当月可追溯到日的电量差错，根据电网企业推送的修正电量，重新计算后并入当月结算。政策调整退补按日重新计算后并入当月结算，无法并入当月结算的并入次月结算。

对于实时电量月度累计值与月度抄表电量的偏差量及跨月电量差错退补事项，按照以下规则处理。

（1）因计量倍率、拟合规则等原因造成的日清累计电量与实际月度抄见电量不一致的，电网企业按实际月度抄见电量结算。超差电量原则上应通过月度最后一个日清日电量进行平衡，因最后一个日清日电量较少或无电量导致无法平衡的，超差部分按照结算周期内零售套餐加权平均电价进行偏差结算。

（2）零售用户电量出现差错时，在发现月份月度结算时对相关零售用户按照差错月份零售套餐加权平均结算电价进行差错电量退补结算，相关售电公司按照差错月份实时市场月度加权平均结算电价与零售用户差错电量退补电费进行退补结算。计算发电侧联动调整电费并纳入平衡资金，调整金额计算公式为

$$C_{联动退补}=Q_{退补}\times(P_{容量}+P_{实时}-P_{批复}) \tag{4-1}$$

式中 $C_{联动退补}$——发电侧联动调整电费；

$Q_{退补}$——用户侧月度差错退补电量；

$P_{容量}$——政府核定的用户侧容量补偿电价；

$P_{实时}$——差错月份发电侧实时市场月度加权平均结算电价；

$P_{批复}$——差错月份发电侧以用定发基数合约电量的月度加权平均电价。

（3）批发用户电量出现差错时，在发现月份月度结算时，对相关用户按照差错月份实时市场月度加权平均结算电价进行退补结算。计算发电侧联动调整电费并纳入平衡资金，调整金额计算公式同式（4–1）。

（4）发电侧电量出现差错时，在发现月份月度结算时，对差错机组按照差错月份政府批复电价进行差错电量退补结算。

用户电量发生差错，电网企业在确认差错及退补电量后 3 个工作日内发起退补工单，电力交易机构按照规则开展退补结算。因市场交易规则、结算规则、电价政策等发生变化，需要调整电费的，由电力交易机构依照相应规则或政策开展电费退补。

4.7 市场相关信息的交互

为了保证退市信息及时传递，确保抄表结算准确性，明确市场用户信息变化后的退市业务受理流程，根据市场交易需求，需要对销户、过户、并户等用电业务变更情况及退市、售电关系、零售合同套餐变更等及时进行信息交互，确保交易信息及时准确。

4.7.1 零售用户退市流程

市场化用户销户、过户、并户业务流程由用户管理单位受理，受理后的业务流程信息由营销系统自动（和交易中心确定时间）推送交易中心系统，交易中心接收销户、过户、并户信息后即办理退市业务。传递信息包括用户名称、户号、售电公司、管理单位（地市）、业务流程受理归档时间等。零售用户退市流程如图 4–3 所示。

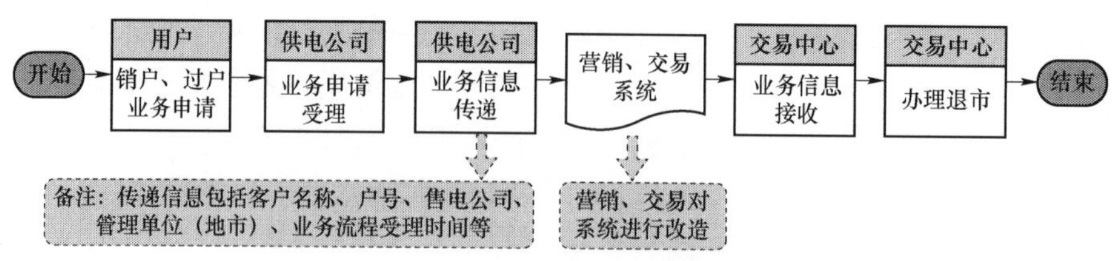

图 4–3　零售用户退市流程

4.7.2 零售用户解除交易关系流程

市场化用户非销户、过户、并户等业务流程引起的退市申请，由交易中心受理，交易中心将受理后的退市信息每月 24 日随“结算依据获取”传递营销系统。传递信息包括用户名称、户号、售电公司、退市时间等。零售用户解除交易关系流程如图 4－4 所示。

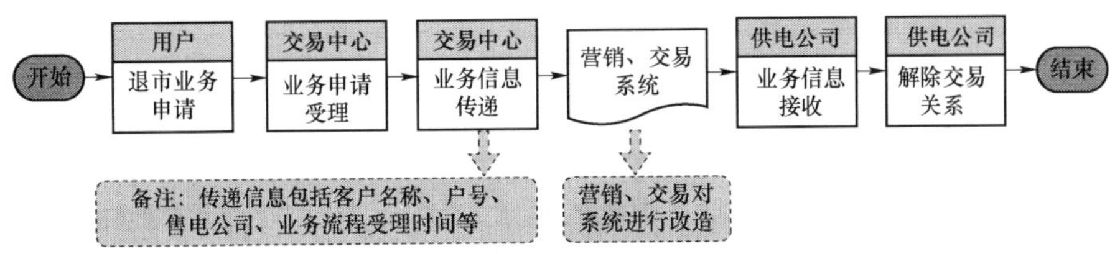

图 4－4 零售用户解除交易关系流程

4.7.3 营销业务系统

营销业务系统（或售电系统）增加销户、过户、并户及当月售电关系变更、新增市场化用户信息、退市用户等信息，查询信息包括如下方面。

1. 销户

用户名称、户号、地市至最低层级管理单位、销户年月日、市场交易属性（直接交易用户、零售用户）、代理售电公司、行业分类、电压等级。

2. 过户

过户前名称、过户后名称、过户年月日、市场交易属性（直接交易用户、零售用户）、代理售电公司、行业分类、电压等级，过户后的市场交易属性（直接交易用户、零售用户）、代理售电公司、行业分类、电压等级。

3. 并户

并户前名称、并户后名称、并户年月日、用户原市场交易属性（直接交易用户、零售用户）、原代理售电公司、原行业分类、原电压等级，并户后的市场交易属性（直接交易用户、零售用户）、代理售电公司、行业分类、电压等级。

4. 退市

用户名称、户号、市场交易属性（直接交易用户、零售用户）、售电公司、退市时间。

5. 新增

用户名称、户号、地市至最低层级管理单位、市场交易属性（直接交易用户、零售用户）、售电公司、入市时间（以选择套餐时间为准）、上一年度用电量、用电类别、电压等级。

4.8 现货结算系统信息交互

4.8.1 电力市场运营技术支持系统

电力市场的运营涉及电力市场、市场规则、市场监管以及电网安全运行等诸多问题，但归根到底是要组织电力市场成员，按照一定的市场运营规则竞价上网发电、购电，并对发电企业实际发电情况和供电企业及部分大用户实际购电情况进行计量、考核和结算，保障各方的经济利益。要在电网安全、稳定运行的前提下，公平、公正和准确无误地完成这些工作，就必须要有计算机网络、电能计量系统和电网调度系统的技术支持。通常将这些技术支持系统称为电力市场运营技术支持系统（Electricity Market Operation System，EMOS）[34]，构成它的主要功能系统如下。

（1）电能计量系统（TMR），用于自动、实时采集和统计各发电企业、供电企业和部分大用户在各时段网上实际交易的电量及相关数据[35]。

（2）实时数据采集、安全监控和系统稳定分析，即除原有能量管理系统（EMS）的经济调度之外的功能，用于保证电网的安全、稳定运行。

（3）市场信息管理系统，包括内部信息系统和外部信息系统。内部信息系统提供对 EMOS 中其他子系统的信息支持，外部信息系统实现远程市场成员与市场交易管理机构之间上传报价数据、技术参数和发布竞价信息、下达发电计划等，还可以进行电能买卖合同的签订、结算信息的质疑，提供授权信息查询，完成市场成员管理，市场各成员也可以交流其他相关信息。

（4）电力市场交易管理系统，用于预测有关竞价的市场信息、制定竞价上网发电计划和辅助服务计划[36]。

（5）合同管理系统，用于对电力市场中的各种合同（期货交易合同、现货交易合同、实时交易合同和辅助服务合同等）进行管理，并作为交易结算的依据。

（6）考核与结算系统，用于对已发生的电能交易，按合同进行实时或定期的考核、结算，并定期进行交易结算资金的银行划拨。

（7）数据库管理系统，为各子系统的分析计算提供可靠、统一、完整的数据支持，提供规范的数据接口和稳定的数据操作界面，实现整个技术支持系统的信息共享。

（8）系统运行支撑平台，提供各子系统的集中调度、模块管理、人机交互以及图表和报告处理等功能，是 EMOS 最终集成体现。

EMOS 的基本构成及其与现有调度自动化系统的关系如图 4－5 所示。考虑到电网安全实时监控系统的功能可由 EMS 提供，TMR 系统也可以先期建设。电力市场 EMOS 高层应用软件系统的基本构成包括电力市场交易管理系统、合同管理系统、考核与结算系统、市场信息管理系统等。

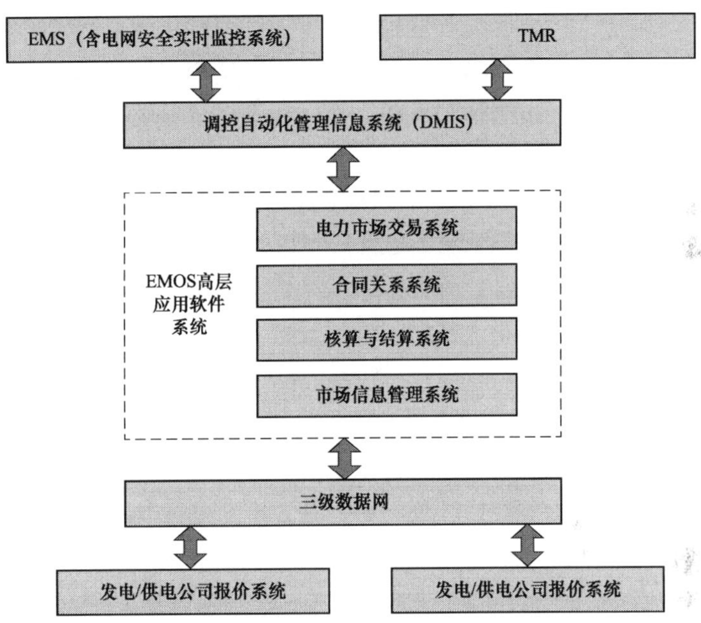

图 4－5　EMOS 的基本构成及其与现有调度自动化系统的关系[37]

4.8.2　电力市场交易管理系统

4.8.2.1　现货交易系统建设现状

自 2019 年 3 月以来，按照某省现货交易规则，针对营销业务系统和售电系统的抄表计划、抄表数据获取、抄表异常复核、交割电量发送、月度电量电费计算等“日清月结”环节增加抄表计划发起、24 点抄表数据获取、现货缺失数据拟合、市场电量“打包”发送、月度电量电费计算以及抄表核算工单管控等功能，基本满足了现货交易批发市场的结算需求。

随着现货零售市场的建设，批发市场价格传导至用户侧，售电公司与代理用户的电费结算主要依据零售套餐（合同）结算，结算方式发生了颠覆性的变化。目前营销业务系统、售电系统无法满足售电关系多变、套餐价格多样、信息高频交互以及偏差考核、违约金计算等新的结算业务需求。

4.8.2.2 现货交易管理子系统

电力市场交易管理系统包括下列子系统。

1. 市场成员管理和申报数据管理子系统

该系统功能包括对发电企业市场准入、退出条件的审核，识别和管理市场成员的户名和密码等；对发电企业按照市场规则的规定向电网经营企业进行申报的（经济、技术）数据，进行接收、校核、保存和查询等；对涉及发电市场运行、市场规则执行、市场规则修改、动议和争议协调解决等相关事宜的文档进行管理。

2. 中期、短期、超短期电力负荷及电价预测子系统

该系统功能包括年负荷预测、月负荷预测、典型日负荷预测、周负荷预测、日负荷预测、母线负荷预测（无功和有功）、超短期负荷预测、电价预测、数据录入、数据校验、数据修正、数据查询、数据分析、报表打印、用户管理、在线帮助等。

3. 年、月、日检修计划的申请、优化和批复子系统

该系统通过市场信息系统接收发电企业的年、月和日发电检修计划的申请和电网公司的输变电设备检修计划。根据各发电企业的年、月和日检修计划申请、系统的负荷需求及系统运行情况等因素，按照等风险度的原则，编制优化的电网统调机组年、月和日检修计划，并下达（批复计划）。平衡、调整电网统调机组的检修计划时，应确保足额供电和发电市场的正常运作，要保证在任何阶段，年度检修计划的最大检修容量不得大于电网计划允许的最大检修容量。

4. 一级电力市场交易计划子系统

（1）一级电力市场中长期期货交易计划子系统。在一级电力市场期货交易中，二级电力市场交易中心要根据本区域电力电量平衡情况，提出区域间交易申请。一级电力市场中长期交易计划子系统的功能就是依据一级电力市场的负荷需求，提供丰富的参考信息，辅助市场运营人员做出合理的交易决策。

（2）区域间现货和实时交易计划子系统。在一级市场现货和实时交易中，二级市场交易中心根据本区域市场的电力电量平衡情况，提出区域间现货和实时交易申请。区域间现货和实时交易计划子系统的功能就是依据本区域电力市场的负荷需求，给市场运营人员提供足够的参考信息，辅助他们做出合理的交易决策。

5. 区域内（二级）电力市场交易计划子系统

（1）区域内中长期期货交易计划子系统。区域内期货交易指的是在年初或月初依据一定的原则签订期货电量合同，在每天的实际运行中按量完成，并按期货电价进行结算的过程。具体细分，它包括一系列的发电计划的制定，如年度分月发电计划、月度分日发电计划、月滚动计划、日滚动计划等的制定。此外，还应包括年竞价计划和月竞价计划的制定。发电计划的内容构成及其制定流程如图4–6所示。

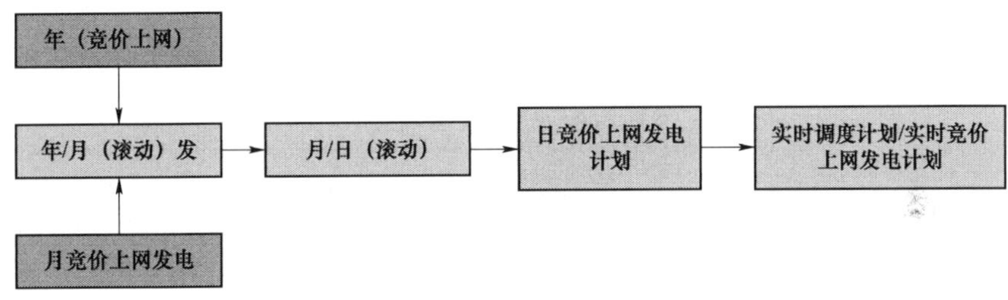

图4–6　发电计划的内容构成及其制定流程

（2）区域内现货交易计划子系统。现货交易计划制定就是要确定次日电网中每台发电单元（包括等值发电单元）的功率输出曲线（每15分钟或30分钟一个交易时段），在满足负荷需求、机组技术限制、网络安全的同时，使购电费用最小。现货交易包括机组报价、日发电计划制定、计划确认（视同签订合同）、计划执行、考核与结算等5个步骤。

（3）区域内实时交易计划子系统。由于日负荷预测误差的存在和检修计划的临时变更，日发电计划可能会和实时的运行情况产生偏差，调度员应根据超短期负荷预测，考虑各机组的报价和技术限制，实时调整机组的功率输出来消除该偏差，同时使购电费用最小。

（4）实时调度的辅助决策子系统。实时调度的辅助决策系统功能主要有两个：① 为调度员提供必要的监视信息；② 针对各种非正常和计划状态，为调度员提供调整方案的决策支持服务。该决策支持系统一方面充分发挥决策者自身的经验、智慧和判断能力；另一方面充分利用系统所具备的数据处理、模型处理以及分析能力。实时调度的辅助决策系统的实现将在一定程度上方便调度员对系统运行情况的监视，减少调度员监视系统、处理实时信息过程的复杂性。具体提供的信息有：当前系统的备用情况；当前状态下系统运行安全状况；功率不平衡的数量；区域间功率平衡情况和AGC机组的上、下调节备用情况；实际发电和负荷出现较大偏差时，在线调整发电计划的建议方案等。

（5）交易预算与评估子系统——发电计划的经济性分析子系统。对发电计划进行经济分析的目的为：① 评价竞价规则、发电计划算法的公平性；② 选择最佳的交易计划；③ 用于交易的预结算。具体内容如下。

1）在制定交易计划时运用不同的手段和方法，可能会制定出多个可行的计划，这些计划在经济性和技术性上都可能存在差异，需要进行交易评估，找出最佳的交易计划。

2）在交易计划的制定过程中，由于要满足系统各种约束条件的限制，可能会造成边际电价的升高，为了得到各种约束对边际电价的影响，需要进行交易评估，如无约束和有约束计划的经济分析，阻塞调度前、后发电计划的经济分析等。

3）计划与计划的实际执行情况可能会有差异，有必要对它们之间的差异进行评估，分析出现偏差的原因等。

4）统一边际电价和按报价结算的经济分析。

5）电价按网损折算与否的经济分析。

6）计算机自动编制计划与手工调整计划的经济分析。

6. 安全校核子系统

在制定了发电计划之后，需要对该计划实际运行的可行性进行分析，主要考虑的是在正常运行和一定的事故发生后，系统不至于出现线路过载、发电机无功超限或母线电压超限等不安全情况。对于给定发电计划进行系统运行安全校核后，若合格则将有关安全裕度的数据与发电计划同时发布；若不合格则需进行阻塞调度和无功优化计算，重新编制符合安全规定的竞价上网发电计划。安全校核子系统包括网络拓扑分析、潮流计算、$N-1$ 安全分析等功能，还可包括动态安全分析等功能。安全校核子系统也可由 EMS 中的同类功能模块替代输电费和辅助服务费。

7. 阻塞调度子系统

电网在按照某些发电计划进行传输或转运电能服务时，受输电线路容量限制而出现的过载现象称为传输阻塞。此时，阻塞调度子系统会按照网络潮流优化原则，在总的购电成本为最小的目标下制定消除阻塞的发电计划，或按照阻塞调度规则调整发电计划；并对阻塞调度的效果进行技术和经济评价。

8. 无功优化子系统

无功优化的目的是在满足系统各种运行约束的条件下，通过优化计算确定发电机的机端电压、有载调压变压器的分接头挡位和无功补偿设备的投切等，以达到系统的电压合格、有功网损最小等目标。无功优化是保证电力系统电压质量的重要手段，随着电力市场的完善，电能将按质论价，无功支持也将成为有偿辅助服务，因此，无功优化子系统的功能将更具有实用价值。

9. 网损折算系数计算子系统

在电能从电厂的上网点到负荷点的输送过程中，会有一小部分电能以网损的形式被消耗掉，从而使得上网机组所发电量高于实际的负荷需求量。网损的大小不仅与机组出力有关，还与机组的上网点有关。对电网来说，由于结算电费，是按电厂的实际出力和电价的乘积来计算的，所以，电网在从电厂买电时，不仅要看其报价的高低，而且还要考虑电厂向系统送电引起的网损大小。为此，应将电厂报价经过网损"修正"后所得的"修正电价"作为机组竞价上网的排队依据。

10. 系统裕度评估子系统

该系统的主要功能是统计和预估系统备用、负荷需求等信息，并将其提供给市场成员作为制定报价决策的参考依据。

11. 输电费计算和辅助服务费计算等子系统

输电费计算和辅助服务费计算等子系统分别用于对输电费和辅助服务费进行科学、合理的计算，以促进输电市场和辅助服务市场的健康发展。输电费的计算原则是将电网公司的固定成本回收和运行成本按照输送电量进行成本分配。

4.8.3 信息系统交互关系

考核与结算系统是参与电力系统商业化运营的各方最终利益的体现。在电力市场中，考核与结算系统的主要功能是根据电能交易合同的内容，对某一特定时间段内已经发生的交易，按合同规定进行考核，并以电量的形式或货币的形式给出结算结果。结算系统的计算依据是：① 合同的标的、数量和质量；② TMR 系统的数据；③ SCADA/EMS 的数据。结算的算法由具体合同的内容指定。

EMOS 的设计应该立足于同现有调度自动化系统中的 EMS、MIS 或 DMIS 的协调和统一，充分利用这些系统中现有的功能模块，保证大系统整体性能的完善。具体体现在以下 4 个方面。

1. 硬件协调

由于 EMOS 需要的大量数据来自 EMS、DMIS 和 TMR 系统，因此设计时要保证其硬件与已有系统合理连接，且连接方式要综合考虑系统之间的数据共享与数据优化传递以及网络安全，以提高投资效益。

2. 规约协调

由于 EMOS 与 EMS、MIS、DTS 和 TMR 密切相关，这些系统又分布在不同的子网中，运行平台有很大差异，而这些系统之间以及系统各模块之间必然要进行大量的信息交换和功能协作，为保证系统的顺畅运行，系统之间底层通信规约的协调非常重要。

3. 数据协调

系统之间以及系统各模块之间的各类数据从格式、内容到数据精度都要进行协调。数据的存储方式是采用分布式还是采用集中式也应逐类分析。只有完整的数据协调，才能使系统所拥有的数据全集真正成为整个系统的坚强的数据支持。

4. 功能协调

基于 EMOS、EMS、TMR 和 MIS 整体协调设计原则，EMOS 与现有调度自动化系统功能的协调如图 4-7 所示。其中市场信息管理系统被分离为内部信息管理系统和外部信息系统。

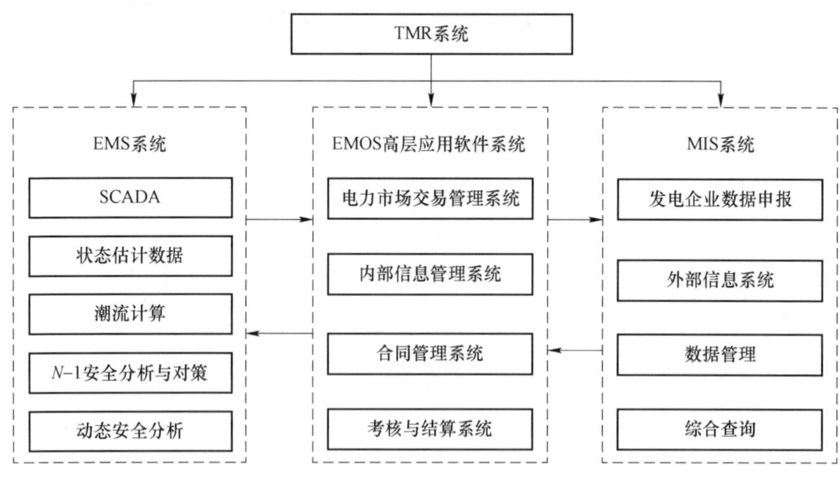

图 4-7 EMOS 与现有调度自动化系统功能的协调

（1）EMS 与 EMOS 的配合与协调。各系统之间的功能配置不要重复，模块尽量统一。因此，对于 EMS 系统中的各功能要进行分析，对不适应电力市场的内容进行改造，而不受电力市场影响的部分尽力保留。

（2）MIS 与 EMOS 的配合与协调。

1）在电力市场条件下，依据调度自动化信息系统的要求，要保证系统信息共享与资源的合理利用。EMOS 系统的外部数据大都来自 MIS 系统，明确的数据协调和规约协调尤为重要。

2）为保证电力市场运营中发电公司、供电公司和电网公司与交易中心之间数据交换的安全、快速、可靠，应考虑采用专用的数据通道进行信息交换。如果专用通道短期不能建成，涉及的申报和发布信息可以交由 MIS 系统处理，在 EMOS 中应建立 MIS 与 EMOS 接口模块。

3）鉴于电力市场要遵循“公平、公正、公开”的原则，为使各级用户可以通过 MIS 系统对电力市场运营的有关规则、数据信息等进行查询，在 MIS 系统中应增加电力市场运营综合查询模块。

（3）TMR 与 EMOS 的配合与协调。电能计量系统（TMR）是电力市场基础建设之一，目前许多电网还没有完善的 TMR，为满足电力市场运营的需要，该系统应与 TMR 统一设计和实现；TMR 中现有的考核功能应在 EMOS 中统一考虑。此外，EMOS 的负荷预测模块、考核与结算系统等的数据来源于 TMR。

5

电力现货零售套餐计算案例

4.4 中描述了零售业务的结算流程，零售用户根据零售合同或零售套餐计算市场化交易电费（包括偏差考核、违约金、容量补偿费、门槛惩罚电价）后，累计输配电费、基本电费、功率因数调整（力调）电费、政府性基金及附加费，形成零售用户最终电费账单。由于零售交易采取的“日清月结”结算模式，每日需计算交割市场电量，且输配电费、基本电费、偏差考核费用、违约金费用、门槛惩罚电费计算方式不受市场交易方式影响，故 5.1 中介绍日清电量及月结电量计算案例，5.2 中介绍输配电费、基本电费、偏差考核费用等通用费用计算案例，5.3～5.6 分别针对零售套餐的 4 种类型，介绍套餐交易费用计算案例，5.7 中介绍集团户的交易电量电费计算案例。

5.1 零售套餐电量计算案例

【例 5－1】纺织行业某专用变压器用户，2020 年 7 月 1 日抄表上次示数 17 742.96，本次示数 17 832.83，计费倍率为 1000，线损约定系数 0.5%，其中居民电量占比 5%。企业共 5 台变压器，每台变压器容量均为 1000 千伏安，型号为 SL7 系列节能型。根据某省发展改革委发布的《关于 2020—2022 年输配电价和销售电价有关事项的通知》的通知，规定了 2021 年 1 月 1 日起该省工商业及其他电力用户峰平谷时段标准。高峰时段为 8:30～11:00、14:30～21:00；低谷时段为 12:00～13:00、23:00～7:00；其余时段为平时段。尖峰电价在 6～8 月实施，尖峰时段为 10:00～11:00、19:00～21:00。峰谷时段对应时间见表 5－1。

表5-1 峰谷时段对应时间

<table>
<tr><th colspan="2">峰谷时段</th><th>对应时段</th><th>时长</th></tr>
<tr><td colspan="2">总</td><td>0:00～24:00</td><td>24 小时</td></tr>
<tr><td colspan="2">尖峰（6～8 月）</td><td>10:00～11:00、19:00～21:00</td><td>3 小时</td></tr>
<tr><td rowspan="2">峰段</td><td>6～8 月</td><td>8:30～10:00、14:30～19:00</td><td>6 小时</td></tr>
<tr><td>1～5 月、9～12 月</td><td>8:30～11:00、14:30～21:00</td><td>9 小时</td></tr>
<tr><td colspan="2">平段</td><td>7:00～8:30、11:00～12:00、13:00～14:30、21:00～23:00</td><td>6 小时</td></tr>
<tr><td colspan="2">谷段</td><td>12:00～13:00、23:00～7:00</td><td>9 小时</td></tr>
<tr><td colspan="2">时段</td><td>对应时段（6～8 月）</td><td>备注</td></tr>
<tr><td colspan="2">0 点</td><td>谷段</td><td>00:00～01:00</td></tr>
<tr><td colspan="2">1 点</td><td>谷段</td><td>01:00～02:00</td></tr>
<tr><td colspan="2">2 点</td><td>谷段</td><td>02:00～03:00</td></tr>
<tr><td colspan="2">3 点</td><td>谷段</td><td>03:00～04:00</td></tr>
<tr><td colspan="2">4 点</td><td>谷段</td><td>04:00～05:00</td></tr>
<tr><td colspan="2">5 点</td><td>谷段</td><td>05:00～06:00</td></tr>
<tr><td colspan="2">6 点</td><td>谷段</td><td>06:00～07:00</td></tr>
<tr><td colspan="2">7 点</td><td>平段</td><td>07:00～08:00</td></tr>
<tr><td colspan="2">8 点</td><td>平段半小时、峰段半小时</td><td>08:00～09:00</td></tr>
<tr><td colspan="2">9 点</td><td>峰段</td><td>09:00～10:00</td></tr>
<tr><td colspan="2">10 点</td><td>尖峰</td><td>10:00～11:00</td></tr>
<tr><td colspan="2">11 点</td><td>平段</td><td>11:00～12:00</td></tr>
<tr><td colspan="2">12 点</td><td>谷段</td><td>12:00～13:00</td></tr>
<tr><td colspan="2">13 点</td><td>平段</td><td>13:00～14:00</td></tr>
<tr><td colspan="2">14 点</td><td>平段半小时，峰段半小时</td><td>14:00～15:00</td></tr>
<tr><td colspan="2">15 点</td><td>峰段</td><td>15:00～16:00</td></tr>
<tr><td colspan="2">16 点</td><td>峰段</td><td>16:00～17:00</td></tr>
<tr><td colspan="2">17 点</td><td>峰段</td><td>17:00～18:00</td></tr>
<tr><td colspan="2">18 点</td><td>峰段</td><td>18:00～19:00</td></tr>
<tr><td colspan="2">19 点</td><td>尖峰</td><td>19:00～20:00</td></tr>
<tr><td colspan="2">20 点</td><td>尖峰</td><td>20:00～21:00</td></tr>
<tr><td colspan="2">21 点</td><td>平段</td><td>21:00～22:00</td></tr>
<tr><td colspan="2">22 点</td><td>平段</td><td>22:00～23:00</td></tr>
<tr><td colspan="2">23 点</td><td>谷段</td><td>23:00～24:00（次日 00:00）</td></tr>
</table>

1. 分时段电量拟合

峰谷时段企业抄表示数见表 5－2。

表 5－2　　峰谷时段企业抄表示数

峰谷时段	上次示数	本次示数	倍率	抄见电量/（千瓦·时）	时均电量/（千瓦·时）
总	17 742.96	17 832.83	1000	89 870	3745
尖峰	2718.18	2730.96	1000	12 780	4260
峰段	3791.66	3810.46	1000	23 123	3133
平段	5348.19	5379.07	1000	22 773	5147
谷段	5884.91	5912.32	1000	31 194	3046

根据 4.4.1 介绍的分时电量拟合方法，计算当日各时段的拟合电量，见表 5－3。

表 5－3　　各时段拟合电量

时段	对应时段	拟合电量/（千瓦·时）	拟合分时比例
0 点	谷段	3466	0.038 57
1 点	谷段	3466	0.038 57
2 点	谷段	3466	0.038 57
3 点	谷段	3466	0.038 57
4 点	谷段	3466	0.038 57
5 点	谷段	3466	0.038 57
6 点	谷段	3466	0.038 57
7 点	平段	3790	0.042 17
8 点	平段半小时、峰段半小时	3823	0.042 54
9 点	峰段	3860	0.042 95
10 点	尖峰	4260	0.047 40
11 点	平段	3790	0.042 17
12 点	谷段	3466	0.038 57
13 点	平段	3790	0.042 17
14 点	平段半小时，峰段半小时	3823	0.042 54
15 点	峰段	3860	0.042 95
16 点	峰段	3860	0.042 95
17 点	峰段	3860	0.042 95

续表

时段	对应时段	拟合电量/（千瓦·时）	拟合分时比例
18 点	峰段	3860	0.042 95
19 点	尖峰	4260	0.047 40
20 点	尖峰	4260	0.047 40
21 点	平段	3790	0.042 17
22 点	平段	3790	0.042 17
23 点	谷段	3466	0.038 57
拟合合计		89 870	1.000 00
实际电量		89 870	
拟合差值		0	0.000 00

2. 变损电量计算

市场交割电量还需考虑变损电量和线损电量。1000 千伏安变压器空载铁损系数见表 5－4。

表 5－4　1000 千伏安变压器空载铁损系数

容量/千伏安	空载铁损/千瓦		
	节能型	高耗能型	
	S7、SL7 系列	S、SL 系列	SJ、SJL 系列
1000	1.800	3.250	3.700

该企业的 5 台变压器均为节能型，空载铁损为 1.8 千瓦/小时。则

日清铁损电量=空载损耗×供电时间（小时）=1.8×24×5=215（千瓦·时）

日清铜损电量=当日抄见电量×2%（或 3%）。

其中，当日变压器负载率为 40%及以下时，按当日抄见电量的 2%计算。当日负载率超过 40%时，按当日抄见电量的 3%计算。

负载率=抄见电量÷（变压器额定容量×运行时间×功率因数）

=89 870÷（5000×24×0.8）=93.61%

其中，功率因数一般取 0.8。由于负载率为 93.61%，大于 40%，因此铜损系数为 0.03。则

日清铜损电量=抄见电量×铜损系数=89 870×0.03=2696（千瓦·时）

变损电量=日清铁损电量＋日清铜损电量=215＋2696=2911（千瓦·时）

变损计算见表5–5。

表5–5　　变　损　计　算

运行变压器	运行容量/千伏安	型号	运行时间/小时	抄见电量/（千瓦·时）	铁损电量/（千瓦·时）	负载率（%）	铜损系数	铜损电量/（千瓦·时）	变损合计/（千瓦·时）
变压器1	1000	SL7	24	89 870	43	93.61	0.03	2696	2911
变压器2	1000	SL7	24		43				
变压器3	1000	SL7	24		43				
变压器4	1000	SL7	24		43				
变压器5	1000	SL7	24		43				
合计	5000		24		215				

3. 线损电量计算

线损电量计算为

线损电量=抄见电量×线损率=89 870×0.005 ≈449[1]（千瓦·时）

考虑变损电量与线损电量后，各时段电量电费计算结果见表5–6。

表5–6　　各时段电量电费计算结果

时段	峰谷拟合电量/（千瓦·时）	24小时分时比例	线损电量/（千瓦·时）	变损电量/（千瓦·时）	计费电量/（千瓦·时）
0点	3466	0.038 57	17	112	3596
1点	3466	0.038 57	17	112	3596
2点	3466	0.038 57	17	112	3596
3点	3466	0.038 57	17	112	3596
4点	3466	0.038 57	17	112	3596
5点	3466	0.038 57	17	112	3596
6点	3466	0.038 57	17	112	3596
7点	3790	0.042 17	19	123	3932
8点	3823	0.042 54	19	124	3966
9点	3860	0.042 95	19	125	4004
10点	4260	0.047 40	21	138	4419
11点	3790	0.042 17	19	123	3932

[1] 电量计算按四舍五入取整。

续表

时段	峰谷拟合电量/（千瓦·时）	24小时分时比例	线损电量/（千瓦·时）	变损电量/（千瓦·时）	计费电量/（千瓦·时）
12点	3466	0.038 57	17	112	3596
13点	3790	0.042 17	19	123	3932
14点	3823	0.042 54	19	124	3966
15点	3860	0.042 95	19	125	4004
16点	3860	0.042 95	19	125	4004
17点	3860	0.042 95	19	125	4004
18点	3860	0.042 95	19	125	4004
19点	4260	0.047 40	21	138	4419
20点	4260	0.047 40	21	138	4419
21点	3790	0.042 17	19	123	3932
22点	3790	0.042 17	19	123	3932
23点	3466	0.038 57	17	112	3596
合计	89 870	1.000 00	449	2911	93 230
线损电量/（千瓦·时）	449				
变损电量/（千瓦·时）	2911				
含变线损电量/（千瓦·时）	93 230				

4. 市场电量交割

进行市场电量交割还需考虑居民用电比例，由于该用户居民用电占比5%，因此需计算居民交割分摊电量，有

居民交割分摊电量=计费电量×居民电量占比=3596×0.05=180（千瓦·时）

该时段交割市场电量=计量电量−居民交割分摊电量

=3596−180

=3416（千瓦·时）

汇总各时段居民交割分摊电量和交割市场电量见表5−7，则当日实际交割市场电量为88 568千瓦·时。

表5−7　各时段居民交割分摊电量和交割市场电量

时段	计费电量/（千瓦·时）	分时比例	居民交割分摊/（千瓦·时）	交割市场电量/（千瓦·时）
0点	3596	0.038 57	180	3416
1点	3596	0.038 57	180	3416

续表

时段	计费电量/（千瓦·时）	分时比例	居民交割分摊/（千瓦·时）	交割市场电量/（千瓦·时）
2 点	3596	0.038 57	180	3416
3 点	3596	0.038 57	180	3416
4 点	3596	0.038 57	180	3416
5 点	3596	0.038 57	180	3416
6 点	3596	0.038 57	180	3416
7 点	3932	0.042 17	197	3735
8 点	3966	0.042 54	198	3768
9 点	4004	0.042 95	200	3804
10 点	4419	0.047 40	221	4198
11 点	3932	0.042 17	197	3735
12 点	3596	0.038 57	180	3416
13 点	3932	0.042 17	197	3735
14 点	3966	0.042 54	198	3768
15 点	4004	0.042 95	200	3804
16 点	4004	0.042 95	200	3804
17 点	4004	0.042 95	200	3804
18 点	4004	0.042 95	200	3804
19 点	4419	0.047 40	221	4198
20 点	4419	0.047 40	221	4198
21 点	3932	0.042 17	197	3735
22 点	3932	0.042 17	197	3735
23 点	3596	0.038 57	180	3416
合计	93 230	1.000 00	4662	88 568
居民定比	0.05			
居民电量	4662			
市场电量	88 568			

5. 市场电量发送

经过交割计算环节计算后，将用户 24 小时分时电量发送交易中心及智慧能源平台。

（1）直接交易用户。将交割后的电量按户号发送交易中心和智慧能源平台。

（2）零售代理用户。按售电代理关系“打包”发送至交易中心，按户号发送至智慧能源平台。

分时电量发送智慧能源平台方式见表5-8。智慧能源平台依据发送结果生成用电曲线，分时用电曲线如图5-1所示，分时电量发送交易平台方式见表5-9。

表5-8　　分时电量发送智慧能源平台方式

用户名称：××	户号：123456789	管理单位：×××
用电地址：		
时段	市场分时电量/（千瓦·时）	分时比例
0点	3416	0.038 57
1点	3416	0.038 57
2点	3416	0.038 57
3点	3416	0.038 57
4点	3416	0.038 57
5点	3416	0.038 57
6点	3416	0.038 57
7点	3735	0.042 17
8点	3768	0.042 54
9点	3804	0.042 95
10点	4198	0.047 40
11点	3735	0.042 17
12点	3416	0.038 57
13点	3735	0.042 17
14点	3768	0.042 54
15点	3804	0.042 95
16点	3804	0.042 95
17点	3804	0.042 95
18点	3804	0.042 95
19点	4198	0.047 40
20点	4198	0.047 40
21点	3735	0.042 17
22点	3735	0.042 17
23点	3416	0.038 57
合计	88 568	1

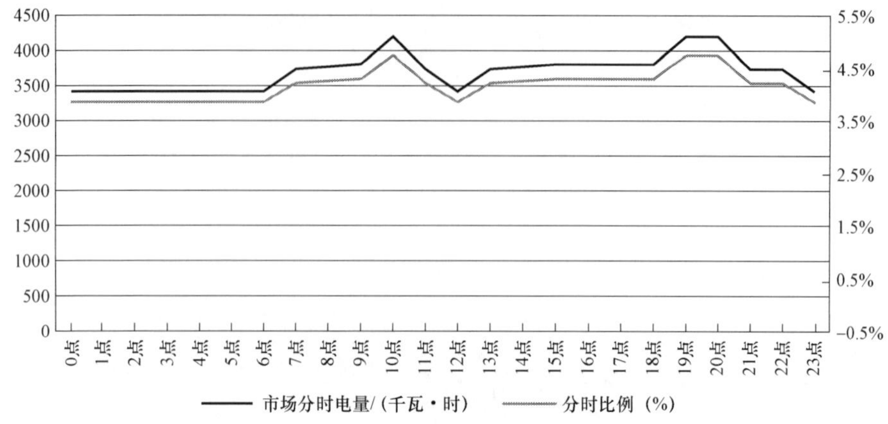

图 5-1　分时用电曲线示意图

表 5-9　　分时电量发送交易平台方式

售电公司名称：××	年月：××××年××月	
时段	市场分时电量/（千瓦·时）	分时比例
0 点	3416	0.038 57
1 点	3416	0.038 57
2 点	3416	0.038 57
3 点	3416	0.038 57
4 点	3416	0.038 57
5 点	3416	0.038 57
6 点	3416	0.038 57
7 点	3735	0.042 17
8 点	3768	0.042 54
9 点	3804	0.042 95
10 点	4198	0.047 40
11 点	3735	0.042 17
12 点	3416	0.038 57
13 点	3735	0.042 17
14 点	3768	0.042 54
15 点	3804	0.042 95
16 点	3804	0.042 95
17 点	3804	0.042 95
18 点	3804	0.042 95

续表

时段	市场分时电量/（千瓦·时）	分时比例
19 点	4198	0.047 40
20 点	4198	0.047 40
21 点	3735	0.042 17
22 点	3735	0.042 17
23 点	3416	0.038 57
合计	88 568	1

经过以上环节，“日清”结算环节结束。

5.2 零售套餐费用计算案例

零售市场建立后，零售用户的电费由套餐电费（市场交易电费）、输配电费、基本电费、功率因数调整（力调）电费、违约金、偏差考核费、政府性基金及附加费构成。政府出台“发电固定成本价格”后，零售用户的电费构成由套餐电费（市场交易电费）、输配电费、发电固定成本电费、基本电费、力调电费、违约金、偏差考核费、政府性基金及附加费构成。

发电固定成本价格政策出台前零售用户电费由套餐电费、输配电费、基本电费、力调电费、违约金、偏差考核费、政府性基金及附加费构成。

发电固定成本价格政策出台后零售用户电费由套餐电费、输配电费、发电固定成本电费、基本电费、力调电费、违约金、偏差考核费、政府性基金及附加费构成。

现货交易日清分只计算电量不计算电费，需要在月结算中完成输配电费、代征电费、基本电费、力调电费的计算，并用日清分的电量按照套餐算法计算零售交易电费和偏差考核电费，违约金由交易中心计算并且合并到月结电费中一起出账。

5.2.1 输配电费计算案例

输配电价指电网经营企业提供接入系统、联网、电能输送和销售服务的价格总称，又称输配电费用。输配电价由政府制定，实行统一政策，分级管理。根据某省发展改革委发布的《关于 2020—2022 年输配电价和销售电价有关事项的通知》的通知，该省 2020—2022 年输配电价表见表 5－10。

表 5－10　　某省 2020—2022 年输配电价表

用电分类		电度电价/［元/（千瓦·时）］				容（需）量电价	
		不满1千伏	1～10千伏	35千伏	110千伏	最大需量/（元/千瓦/月）	变压器容量/（元/千伏安/月）
工商业及其他用电	单一制	0.199 3	0.185 5	0.171 7			
	两部制		0.180 9	0.161 9	0.145 9	38	28

【**例 5－2**】食品加工行业某用户为 10 千伏专用变压器用户，执行两部制电价，参与 2020 年 10 月组织的现货交易，交易电量 2 000 000 千瓦·时，则对应的输配电价标准为 0.180 9 元/（千瓦·时），该用户输配电费计算为

$$输配电费=2\ 000\ 000\times 0.180\ 9=361\ 800（元）$$

即该用户 2020 年 10 月应支付的输配电费为 361 800 元。

5.2.2 基本电费计算案例

基本电费是根据用户变压器容量或最大需量和国家批准的基本电价计算的电费，针对受电变压器容量在 315 千伏安及以上的工业用户收取，用户可选择按最大需量或变压器容量计收基本电费。

【**例 5－3**】汽车零部件制造业某用户为 35 千伏专用变压器用户，合同容量为 28 000 千伏安，执行两部制电价。2020 年 12 月，该用户抄见最大需量为 16 000 千瓦。

1. 按变压器容量计算基本电费

若该用户选择按变压器容量计算基本电费，按照某省输配电价标准，执行两部制电价的工商业及其他用电类别用户，基本电费征收标准为 28 元/（千伏安/月）），则该用户基本电费计算过程为

$$\begin{aligned}基本电费&=变压器容量\times 基本电价\\&=28\ 000\times 28=784\ 000（元）\end{aligned}$$

即该用户 2020 年 12 月的基本电费为 784 000 元。

2. 按最大需量计算基本电费

若该用户选择按最大需量计算基本电费，按照某省输配电价标准，执行两

部制电价的工商业及其他用电类别用户，基本电费征收标准为38元/(千瓦/月)。当最大需量没有超过核定需量时，该用户基本电费计算过程为

基本电费=核定需量×按需量计费的基本电价

=16 000×38=608 000（元）

即该用户2020年12月的基本电费为608 000元。

3. 暂停容量时的基本电费计算

若该用户因设备检修，申请于12月1—21日暂停容量。根据《供电营业规则》规定，基本电费以月计算，但用户新装、增容、减容、暂停、暂换、销户，其开始及停止用电月的基本电费均按实用日数计算，变压器暂停、启封时间计算统一为：变压器封停当天不收基本电费、启封当天应计收基本电费。则该用户需支付基本电费的天数为10天，若按变压器容量计算基本电费，该用户12月的基本电费为

基本电费=变压器容量×基本电价÷30×运行天数

=28 000×28÷30×10=261 333.33（元）

即该用户2020年12月的基本电费为261 333.33元。

5.2.3 容量补偿电费计算案例

2020年4月，某省发展改革委发布《关于电力现货市场容量补偿电价有关事项的通知》(以下简称《通知》)，明确规定在容量市场运行前，参与电力现货市场的发电机组容量补偿费用从用户侧收取。通过制定容量补偿电价，在特定时间段、针对特定机组进行补贴，降低火电机组平均成本，在现货市场按边际成本报价，促进现货价格趋于合理。

【例5-3】装备制造业某用户通过售电公司代理参与现货交易，2020年12月交易电量为3 620 000千瓦·时，按《通知》规定，目前该省份容量补偿费用收取标准为0.099 1元/千瓦（含税)。则该用户需支付的容量补偿费用计算过程为

容量补偿费用=交易电量×容量补偿费用征收标准

=3 620 000×0.099 1=358 742（元）

即该用户2020年12月需支付的容量补偿费用为358 742元。

5.2.4 门槛惩罚电价计算案例

【例5-4】A售电公司在某零售套餐设定时，设定惩罚电价与基准月用电量，套餐门槛为月用电量600 000千瓦·时，惩罚价格为0.131 3元/（千瓦·时)，某企

业用户选择了该套餐，该企业用户在 2020 年 12 月实际用电量为 520 000 千瓦•时，则该用户需要承担当月惩罚电费计算为

$$当月惩罚电费=（套餐门槛电量-实际用电量）\times 惩罚价格$$
$$=（600\ 000-520\ 000）\times 0.131\ 3=10\ 504（元）$$

即该用户 2020 年 12 月需支付的门槛惩罚电费为 10 504 元。

5.2.5 偏差考核电费计算案例

【例 5-5】 汽车制造业某用户与 A 售电公司签订零售套餐，约定偏差考核方式为日时段偏差考核法，考核基准值比例为+6%、-2%，考核价格为当日实时市场价格。即 A 售电公司对该用户的实际用电量与偏差基准电量进行偏差统计，以电力零售用户购买的 0:00～24:00 时段用电量为基准值 Q。当用户实际用电量超出基准值时，6%以内的多用电量免于偏差考核；当用户实际用电量少于基准值时，2%以内的少用电量免于偏差考核。

1. 偏差考核电量计算

该用户考核日当天0:00～24:00各时段约定电量与实际用电量见表5-11，可分别计算各时段偏差电量。根据约定的（+6%，-2%）免考核区间，可分别计算各时段允许偏差电量，偏差电量与允许偏差电量的差值即为考核电量。

表5-11　　　　偏差考核电量计算

时段	时段电量/（千瓦•时）	超基准值比例（%）	低基准值比例（%）	实际用电量/（千瓦•时）	偏差电量/（千瓦•时）	允许偏差/（千瓦•时）	考核电量/（千瓦•时）
0 点	3081	6	2	3376	295	185	110
1 点	3887	6	2	3376	-511	-78	433
2 点	3081	6	2	3376	295	185	110
3 点	3081	6	2	3376	295	185	110
4 点	3081	6	2	3376	295	185	110
5 点	3081	6	2	3376	295	185	110
6 点	3081	6	2	3376	295	185	110
7 点	3081	6	2	3376	295	185	110
8 点	3427	6	2	3804	377	206	171
9 点	3427	6	2	3754	327	206	121
10 点	3200	6	2	3706	506	192	314

续表

时段	时段电量/（千瓦·时）	超基准值比例（%）	低基准值比例（%）	实际用电量/（千瓦·时）	偏差电量/（千瓦·时）	允许偏差/（千瓦·时）	考核电量/（千瓦·时）
11 点	3606	6	2	3952	346	216	130
12 点	3650	6	2	4001	351	219	132
13 点	3470	6	2	3804	334	208	126
14 点	3070	6	2	3804	734	184	550
15 点	3470	6	2	3804	334	208	126
16 点	3380	6	2	3706	326	203	123
17 点	3380	6	2	3706	326	203	123
18 点	3380	6	2	3706	326	203	123
19 点	3380	6	2	4198	818	203	615
20 点	3380	6	2	4198	818	203	615
21 点	3380	6	2	3804	424	203	221
22 点	3470	6	2	3804	334	208	126
23 点	3476	6	2	3809	333	209	124
日约定电量	80 000			88 568	8568	4491	4943

以考核日 0:00～1:00 时段为例，该时段约定电量为 3081 千瓦·时，实际用电量为 3376 千瓦·时，免考核上限为 3081×（1+6%）=3266（千瓦·时），免考核下限为 3081×（1－2%）=3019（千瓦·时），则允许偏差电量上限为 185 千瓦·时，允许偏差电量下限为－62 千瓦·时。

偏差电量=实际用电量－约定电量=3376－3081=295（千瓦·时）

考核电量=偏差电量－允许偏差电量上限=295－185=110（千瓦·时）

按上述步骤，分别计算考核日各时段该用户偏差考核电量，当日该用户累计偏差考核电量为 4943 千瓦·时。

2. *偏差考核电费计算*

因为日分时段偏差电量法价格为当日实时市场价格，售电公司与该用户约定超过或低于基准值时按照日实时市场价格的 30%进行考核。偏差考核电费计算见表 5－12。

表5-12　　偏差考核电费计算

时段	实时价格考核比例（%）	实时市场价格/[元/（千瓦·时）]	考核结算价格/[元/（千瓦·时）]	考核电量/（千瓦·时）	考核电费/元
0 点	0.3	0.206 35	0.061 91	110	6.81
1 点	0.3	0.206 35	0.061 91	433	26.81
2 点	0.3	0.206 35	0.061 91	110	6.81
3 点	0.3	0.206 35	0.061 91	110	6.81
4 点	0.3	0.206 35	0.061 91	110	6.81
5 点	0.3	0.206 35	0.061 91	110	6.81
6 点	0.3	0.206 35	0.061 91	110	6.81
7 点	0.3	0.206 35	0.061 91	110	6.81
8 点	0.3	0.206 35	0.061 91	171	10.59
9 点	0.3	0.206 35	0.061 91	121	7.49
10 点	0.3	0.206 35	0.061 91	314	19.44
11 点	0.3	0.206 35	0.061 91	130	8.05
12 点	0.3	0.206 35	0.061 91	132	8.17
13 点	0.3	0.206 35	0.061 91	126	7.8
14 点	0.3	0.206 35	0.061 91	550	34.05
15 点	0.3	0.206 35	0.061 91	126	7.8
16 点	0.3	0.206 35	0.061 91	123	7.61
17 点	0.3	0.206 35	0.061 91	123	7.61
18 点	0.3	0.206 35	0.061 91	123	7.61
19 点	0.3	0.206 35	0.061 91	615	38.07
20 点	0.3	0.206 35	0.061 91	615	38.07
21 点	0.3	0.206 35	0.061 91	221	13.68
22 点	0.3	0.206 35	0.061 91	126	7.8
23 点	0.3	0.206 35	0.061 91	124	7.68
合计					306.00

0:00～1:00 时段现货市场实时价格为 0.206 35 元/（千瓦·时），则

该时段考核结算价格=现货市场实时价格×结算比例＝0.206 35×30%

＝0.061 91［元/（千瓦·时）］

该时段偏差考核费用=考核电量×考核结算价格=110×0.061 91=6.81（元）

按照上述步骤，分别计算考核日各时段偏差考核费用，当日用户累计偏差考核电费为 306 元。

5.2.6 违约金计算案例

【例 5–6】某用户与 A 售电公司签订零售套餐合同，零售套餐在 2020 年 1 月生效，约定有效期限为 12 个月，该用户在 2020 年 5 月提出解约，已执行月份（1～5 月）合计市场化电费 50 000 元，约定违约金最高金额为 20 000 元，最低金额 5000 元，违约金约定系数为 2%。

按照 3.4.3 中的违约金计算公式，即式（3–3），可得

违约金=已执行月份套餐费用×违约金系数×（套餐约定期限月份÷套餐已执行月份）

=50 000×0.02×（12÷5）=2400（元）

由于计算违约金金额低于约定最低金额，实际违约金收取金额为 5000 元。

由于用户提出解约，因此违约金在 2020 年 5 月随当月电费加收。

5.3 固定类套餐案例

【例 5–7】某 35 千伏市场化交易用户，由 A 售电公司代理参与现货市场交易，15 日电量即为当月月结电量（即 *D* 日），其 2020 年 1～5 月市场化电费合计为 80 000 元，执行工商业（两部制）电价，其中居民用电比例约定为 5%，线损约定比例 0.5%，计费倍率为 1000。

1. 固定类套餐构成

该用户与 A 零售公司签订固定类零售套餐，根据用户申报电量，按照分时比例，分解计算得到各时段分时电量，得到交易电量为 62 000 千瓦·时。固定套餐分时电量计算见表 5–13。

表 5–13 固定套餐分时电量计算

时段	交割市场电量/（千瓦·时）	分时比例	固定分时电量/（千瓦·时）
0 点	3376	0.038 12	2363
1 点	3376	0.038 12	2363
2 点	3376	0.038 12	2363
3 点	3376	0.038 12	2363

续表

时段	交割市场电量/（千瓦・时）	分时比例	固定分时电量/（千瓦・时）
4 点	3376	0.038 12	2363
5 点	3376	0.038 12	2363
6 点	3376	0.038 12	2363
7 点	3376	0.038 12	2363
8 点	3804	0.042 95	2663
9 点	3754	0.042 38	2628
10 点	3706	0.041 84	2594
11 点	3952	0.044 62	2768
12 点	4001	0.045 17	2801
13 点	3804	0.042 9	2663
14 点	3804	0.042 9	2663
15 点	3804	0.042 9	2663
16 点	3706	0.041 84	2594
17 点	3706	0.041 84	2594
18 点	3706	0.041 84	2594
19 点	4198	0.047 39	2939
20 点	4198	0.047 39	2939
21 点	3804	0.042 9	2663
22 点	3804	0.042 9	2663
23 点	3809	0.043 00	2667
合计	88 568	1	62 000

2. 固定类套餐电费核算过程

为简化计算方式，汇总用户的日电量即为月度电量。由于基本电费、功率因数调整（力调）电费计算方式不受市场交易方式影响，故本例中不考虑基本电费、力调电费，仅对各套餐电费进行推演计算。

（1）全周期统一价格套餐电费计算。若该用户与 A 售电公司签订全周期统一价格套餐零售套餐，考核日各时段结算电价均为 0.267 65 元/（千瓦・时）。根据固定套餐电量约定比例计算固定套餐总电量后，按交割计算后的市场化电量 24 点分时比例分摊计算固定电量，用户约定固定套餐为分月分时段统一价格则根据计算出的固定套餐分时电量，分别乘以分月分时段电价计算固定套餐电

费。如 0:00～1:00 时段的固定套餐电费计算为

固定套餐电费=固定套餐电量×固定套餐电价=2363×0.267 65=632.46（元）

按照上述步骤，分别计算各时段套餐电费，见表 5－14。汇总计算得到考核日该用户套餐费用为 16 594.30 元。

表 5－14　全周期统一价格类固定套餐电费计算

时段	固定套餐分时电量/（千瓦·时）	套餐电价/［元/（千瓦·时）］	套餐电费/元
0 点	2363	0.026 765	632.46
1 点	2363		632.46
2 点	2363		632.46
3 点	2363		632.46
4 点	2363		632.46
5 点	2363		632.46
6 点	2363		632.46
7 点	2363		632.46
8 点	2663		712.75
9 点	2628		703.38
10 点	2594		694.28
11 点	2766		740.32
12 点	2801		749.69
13 点	2663		712.75
14 点	2663		712.75
15 点	2663		712.75
16 点	2594		694.28
17 点	2594		694.28
18 点	2594		694.28
19 点	2939		786.62
20 点	2939		786.62
21 点	2663		712.75
22 点	2663		712.75
23 点	2667		713.82
合计	62 000		16 594.30

（2）分时段价格套餐电费计算。若该用户与 A 售电公司签订分时段价格套餐零售套餐，0:00～7:00 结算电价为 0.245 15 元/（千瓦·时），8:00～12:00 结算电价为 0.282 33 元/（千瓦·时），13:00～16:00 结算电价为 0.263 43 元/（千瓦·时），17:00～18:00 结算电价为 0.273 31 元/（千瓦·时），19:00～21:00 结算电价为 0.285 65 元/（千瓦·时），22:00～23:00 结算电价为 0.263 43 元/（千瓦·时）。根据固定套餐电量约定比例计算固定套餐总电量后，按交割计算后的市场化电量 24 点分时比例分摊计算固定电量，用户约定固定套餐为分月分时段统一价格则根据计算出的固定套餐分时电量，分别乘以分月分时段电价计算固定套餐电费。如 1:00～8:00 时段的固定套餐电费为

固定套餐电费=固定套餐电量×固定套餐电价=2363×0.245 15=579.29（元）

按照上述步骤，分别计算各时段套餐电费，见表 5－15。汇总计算得到考核日该用户套餐费用为 16 481.85 元。

表 5－15　　分时段价格类固定套餐电费计算

时段	固定套餐分时电量/（千瓦·时）	套餐电价/［元/（千瓦·时）］	套餐电费/元
0 点	2363	0.245 15	579.29
1 点	2363		579.29
2 点	2363		579.29
3 点	2363		579.29
4 点	2363		579.29
5 点	2363		579.29
6 点	2363		579.29
7 点	2363		579.29
8 点	2663	0.282 33	751.84
9 点	2628		741.96
10 点	2594		732.36
11 点	2766		780.92
12 点	2801		790.81
13 点	2663	0.263 43	701.51
14 点	2663		701.51
15 点	2663		701.51
16 点	2594		683.34

续表

时段	固定套餐分时电量/（千瓦·时）	套餐电价/［元/（千瓦·时）］	套餐电费/元
17 点	2594	0.273 31	708.97
18 点	2594		708.97
19 点	2939	0.285 65	839.53
20 点	2939		839.53
21 点	2663		760.69
22 点	2663	0.263 43	701.51
23 点	2667		702.57
合计	61 998		16 481.85

（3）分月套餐电费计算。若该用户与 A 售电公司签订分月类零售套餐，1～6 月套餐电量低于 65 000 千瓦·时，执行电价 1 结算价格，7～12 月套餐电量超过 65 000 千瓦·时，执行电价 2 结算价格。根据固定套餐电量约定比例计算固定套餐总电量后，按交割计算后的市场化电量 24 点分时比例分摊计算固定电量，用户约定固定套餐为分月分时段统一价格则根据计算出的固定套餐分时电量，分别乘以分月分时段电价计算固定套餐电费。如 1～6 月 0:00～1:00 时段的固定套餐电费为

固定套餐电费=固定套餐电量×固定套餐电价=2363×0.267 65=632.46（元）

同理，7～12 月 0:00～1:00 时段的固定套餐电费为

固定套餐电费=固定套餐电量×固定套餐电价=2503×0.247 22=618.83（元）

（4）总计。按照上述步骤，分别计算各时段套餐电费，见表 5–16。汇总计算得到 1～6 月该用户套餐电费为 16 481.85 元，7～12 月该用户套餐电费为 17 398.90 元。

表 5–16　　分月类固定套餐电费计算

时段	1～6 月（电价 1）			7～12 月（电价 2）		
	固定套餐分时电量/（千瓦·时）	套餐电价/［元/（千瓦·时）］	套餐电费/元	固定套餐分时电量/（千瓦·时）	套餐电价/［元/（千瓦·时）］	套餐电费/元
0 点	2363	0.245 15	579.29	2503	0.247 22	618.83
1 点	2363		579.29	2503		618.83
2 点	2363		579.29	2503		618.83

续表

时段	1~6月（电价1）			7~12月（电价2）		
	固定套餐分时电量/（千瓦·时）	套餐电价/[元/（千瓦·时）]	套餐电费/元	固定套餐分时电量/（千瓦·时）	套餐电价/[元/（千瓦·时）]	套餐电费/元
3点	2363	0.245 15	579.29	2503	0.247 22	618.83
4点	2363		579.29	2503		618.83
5点	2363		579.29	2503		618.83
6点	2363		579.29	2503		618.83
7点	2363		579.29	2503		618.83
8点	2663	0.282 33	751.84	2784	0.284 31	791.50
9点	2628		741.96	2784		791.50
10点	2594		732.36	2930		833.09
11点	2766		780.92	2930		833.09
12点	2801		790.81	2965		843.06
13点	2663	0.263 43	701.51	2820	0.265 7	749.19
14点	2663		701.51	2820		749.19
15点	2663		701.51	2820		749.19
16点	2594		683.34	2747		729.85
17点	2594	0.273 31	708.97	2747	0.275 54	756.88
18点	2594		708.97	2747		756.88
19点	2939	0.285 65	839.53	2747	0.287 28	789.13
20点	2939		839.53	2747		789.13
21点	2663		760.69	2747		789.13
22点	2663	0.263 43	701.51	2820	0.265 41	748.38
23点	2667		702.57	2822		749.07
合计	61 998		16 481.85	65 000		17 398.90

5.4 阶梯类套餐案例

【例5-8】某用户为35千伏高供高计市场化交易用户，由A售电公司代理参与现货市场交易，执行工商业（两部制）电价。

1. 阶梯类套餐构成

该用户与A售电公司签订月阶梯零售套餐合同，执行阶梯电价，套餐价格见表5-17。

表5-17　　阶　梯　电　价

阶梯分档	电量最大值/（千瓦·时）	电量最小值/（千瓦·时）	价格/［元/（千瓦·时）］
一档	0	500 000	0.387 00
二档	500 000	1 000 000	0.385 00
三档	1 000 000	1 500 000	0.383 00
四档	1 500 000	/	0.382 00

2. 阶梯类套餐电费核算过程

按照分时电量拟合方法，计算得到该用户2020年7月分时电量及日清电量，见表5-18。

表5-18　　7月分时电量及日清电量

时段＼日期	0701	0702	0703	…	0729	0730	0731	总计/（千万·时）
0点	0	0	0	…	0	0	0	70 800
1点	0	1200	0	…	0	0	0	68 400
2点	0	0	0	…	1200	0	0	73 200
3点	0	0	0	…	0	0	0	66 000
4点	0	0	0	…	0	0	0	67 200
5点	0	0	0	…	0	0	0	64 800
6点	1200	0	0	…	0	0	0	72 000
7点	0	0	0	…	0	1200	0	68 400
8点	0	0	0	…	0	0	0	70 800
9点	1200	0	1200	…	0	0	0	70 800
10点	0	1200	0	…	0	1200	0	70 800
11点	0	0	0	…	1200	1200	0	69 600
12点	0	0	0	…	0	0	120	67 200
13点	0	0	0	…	0	0	0	66 000
14点	1200	0	0	…	0	0	0	69 600
15点	0	0	0	…	0	0	0	68 400

续表

日期 时段	0701	0702	0703	…	0729	0730	0731	总计/（千万·时）
16 点	0	1200	0	…	0	0	0	69 600
17 点	0	0	0	…	0	0	0	70 800
18 点	0	0	0	…	1200	0	0	69 600
19 点	0	0	0	…	0	0	1200	72 000
20 点	0	0	0	…	0	1200	0	75 600
21 点	0	0	0	…	0	0	0	75 600
22 点	0	0	0	…	0	0	0	75 600
23 点	0	0	1200	…	0	0	0	72 000
总计	3600	3600	2400	…	3600	4800	2400	168 4800

汇总该用户 7 月各时段的日清电量，得到 2020 年 7 月该用户月结总电量为 1 684 800 千瓦·时。根据该用户与售电公司约定的交易价格，分档计算交易电费，即

一档套餐电费=一档区间电量×一档交易电价=500 000×0.387 =193 500（元）

二档套餐电费=二档区间电量×二档交易电价=500 000×0.385 00
=192 500（元）

三档套餐电费=三档区间电量×三档交易电价=500 000×0.383 00
=191 500（元）

四档套餐电费=四档区间电量×四档交易电价=184 800×0.382 00
=70 593.6（元）

阶梯类套餐分档电费见表 5－19。汇总计算得到该用户 7 月执行阶梯零售套餐电费为 648 093.6 元。

表 5－19　　阶梯类套餐分档电费

阶梯分档	电量/（千瓦·时）	价格/［元/（千瓦·时）］	电费/元
一档	500 000	0.387 00	193 500
二档	500 000	0.385 00	192 500
三档	500 000	0.383 00	191 500
四档	184 800	0.382 00	70 593.6
合计	1 684 800		648 093.6

5.5 市场费率类套餐案例

【例 5-9】钢铁行业某用户为 35 千伏高供高计市场化交易用户，由 A 售电公司代理参与现货市场交易，执行工商业（两部制）电价。

1. 市场费率类套餐构成

该用户与 A 售电公司签订市场费率类零售套餐合同，采用现货实时价格结算，价格调整系数为 1.2。现货市场价格见表 5-20。

表 5-20　现货市场价格

时段	实时价格/［元/（千瓦·时）］	日前价格/［元/（千瓦·时）］
0 点	0.408 49	0.381 158
1 点	0.409 486	0.401 618
2 点	0.428 21	0.400 479
3 点	0.383 824	0.421 437
4 点	0.385 358	0.369 464
5 点	0.399 187	0.404 874
6 点	0.397 6	0.385 782
7 点	0.400 98	0.409 684
8 点	0.400 098	0.400 062
9 点	0.376 936	0.416 063
10 点	0.440 459	0.399 086
11 点	0.406 739	0.436 123
12 点	0.373 413	0.409 489
13 点	0.405 5	0.384 979
14 点	0.360 944	0.380 471
15 点	0.369 785	0.360 525
16 点	0.399 223	0.409 216
17 点	0.398 621	0.418 842
18 点	0.406 725	0.378 806
19 点	0.417 031	0.390 648
20 点	0.381 44	0.384 056
21 点	0.389 297	0.388 244
22 点	0.379 239	0.369 528
23 点	0.398 087	0.430 639

2. 市场费率类套餐电费核算过程

该用户 11 月月结总电量为 3 360 000 千瓦·时，对当月用电量进行分解，以 11 月 1～3 日为例，分别计算每日各时段分时电量，计算结果见表 5－21。

表 5－21　　11 月 1～3 日各时段分时电量

时段＼日期	1101	1102	1103	总计/（千瓦·时）
0 点	4680	4320	4680	13 680
1 点	4560	4200	4200	12 960
2 点	4080	3960	4080	12 120
3 点	4080	3960	3960	12 000
4 点	4080	3960	3960	12 000
5 点	4080	3960	3960	12 000
6 点	4440	4320	4320	13 080
7 点	4680	4440	4680	13 800
8 点	4800	4680	4920	14 400
9 点	5040	4920	5040	15 000
10 点	4920	4800	5040	14 760
11 点	4920	4800	4920	14 640
12 点	4920	4800	4920	14 640
13 点	5040	4920	5040	15 000
14 点	4920	4920	4920	14 760
15 点	4920	4920	5040	14 880
16 点	4800	5040	4920	14 760
17 点	4800	5040	4920	14 760
18 点	4800	5040	4800	14 640
19 点	4800	4920	4920	14 640
20 点	4800	4920	4800	14 520
21 点	4800	4800	4800	14 400
22 点	4680	4800	4800	14 280
23 点	4560	4680	4800	14 040
总计	112 200	111 120	112 440	335 760

（1）计算各时段电费。以 0:00～1:00 时段为例，该时段费率类套餐电费为

套餐电费=套餐电量×实时价格×价格调整系数）
=13 680×0.408 49×0.8=4470.51（元）

（2）计算日清总电量和总零售交易电费。分别计算各时段电量电费，总零售交易电费计算结果见表5－22。汇总得到日清总电量为335 760千瓦·时，总零售交易电费为106 460.05元。

表5－22　　　　总零售交易电费计算结果

时段	分时电量/（千瓦·时）	实时电价/[元/千瓦·时]	价格调整系数	结算价格/[元/（千瓦·时）]	电费/元
0点	13 680	0.408 49	0.8	0.326 792	4470.51
1点	12 960	0.409 486	0.8	0.327 589	4245.55
2点	12 120	0.428 21	0.8	0.342 568	4151.92
3点	12 000	0.383 824	0.8	0.307 059	3684.71
4点	12 000	0.385 358	0.8	0.308 286	3699.44
5点	12 000	0.399 187	0.8	0.319 35	3832.20
6点	13 080	0.397 6	0.8	0.318 08	4160.49
7点	13 800	0.400 98	0.8	0.320 784	4426.82
8点	14 400	0.400 098	0.8	0.320 078	4609.13
9点	15 000	0.376 936	0.8	0.301 549	4523.23
10点	14 760	0.440 459	0.8	0.352 367	5200.94
11点	14 640	0.406 739	0.8	0.325 391	4763.73
12点	14 640	0.373 413	0.8	0.298 73	4373.41
13点	15 000	0.405 5	0.8	0.324 4	4866.00
14点	14 760	0.360 944	0.8	0.288 755	4262.03
15点	14 880	0.369 785	0.8	0.295 828	4401.92
16点	14 760	0.399 223	0.8	0.319 378	4714.03
17点	14 760	0.398 621	0.8	0.318 897	4706.92
18点	14 640	0.406 725	0.8	0.325 38	4763.56
19点	14 640	0.417 031	0.8	0.333 625	4884.27
20点	14 520	0.381 44	0.8	0.305 152	4430.81
21点	14 400	0.389 297	0.8	0.311 438	4484.70
22点	14 280	0.379 239	0.8	0.303 391	4332.43
23点	14 040	0.398 087	0.8	0.318 47	4471.31
总计	335 760			7.613 338	106 460.05

（3）计算加权均价。加权均价计算为

加权均价=总零售交易电费÷日清总电量=106 460.05÷335 760
=0.317 071［元/（千瓦·时）］

（4）计算费率类套餐电费。总电费为

用户零售交易电费=月结总电量×加权均价
=3 360 000×0.317 071=1 065 358.56（元）

即该用户 11 月套餐电费为 1 065 358.56 元。

5.6　混合类套餐案例

【例 5－10】某 10 千伏高供低计市场化交易用户，由 A 售电公司代理参与现货市场交易，且代理 1 个用户，该用户变压器容量 5000 千伏安（S11－M 系列，全量运行），1～5 月市场化电费合计为 80 000 元，计费倍率为 1000，5 月 15 日为运行日（即 *D* 日），执行工商业（两部制）电价。

1. 混合类套餐构成

该用户与 A 售电公司签订市场混合类零售套餐合同，见表 5－23。固定套餐结算电量比例为 70%，采取分月分时段统一价格，0:00～7:00 结算电价为 0.245 15 元/（千瓦·时），8:00～12:00 结算电价为 0.282 33 元/（千瓦·时），13:00～16:00 结算电价为 0.263 43 元/（千瓦·时），17:00～18:00 结算电价为 0.273 31 元/（千瓦·时），19:00～21:00 结算电价为 0.285 65 元/（千瓦·时），22:00～23:00 结算电价为 0.263 43 元/（千瓦·时）。市场费率套餐（以下简称费率套餐）结算电量比例为 30%，基准价格按照现货市场实时价格结算，价格调整系数为 0.5。

表 5－23　混合类零售套餐

1. 费率套餐			
基准价格选择	现货市场实时结算价格		
价格调整系数	0.5		
2. 固定套餐			
套餐结算方式	分月分时段统一价格		
固定套餐结算电量比例	70%		
3. 电量分解比例			
时段	分时电量分解比例	分解电量/（千瓦·时）	套餐电价/［元/（千瓦·时）］
0 点	0.038 51	3081	0.245 15

续表

时段	分时电量分解比例	分解电量/（千瓦·时）	套餐电价/［元/（千瓦·时）］
1 点	0.038 51	3081	0.245 15
2 点	0.038 51	3081	
3 点	0.038 51	3081	
4 点	0.038 51	3081	
5 点	0.038 51	3081	
6 点	0.038 51	3081	
7 点	0.038 51	3081	
8 点	0.042 83	3426	0.282 33
9 点	0.042 83	3426	
10 点	0.045 08	3606	
11 点	0.045 08	3606	
12 点	0.045 62	3650	
13 点	0.043 38	3470	0.263 43
14 点	0.043 38	3470	
15 点	0.043 38	3470	
16 点	0.042 26	3381	
17 点	0.042 26	3381	0.273 31
18 点	0.042 26	3381	
19 点	0.042 26	3381	0.285 65
20 点	0.042 26	3381	
21 点	0.042 26	3381	
22 点	0.043 38	3470	0.263 43
23 点	0.043 42	3472	
约定当日电量		80 000	

注 1. 电量分解比例保留 3 位小数；

2. 实际套餐分解电量按兆瓦·时计，为便于推演，案例中使用千瓦·时。

2. 混合类套餐电费核算过程

（1）固定套餐类电费计算。该案例中零售套餐约定按 70%比例结算，因此首先结算全周期固定套餐电量电费，根据固定套餐电量约定比例计算固定套餐总电量，按交割计算后的市场化电量 24 点分时比例分摊计算固定电量，则固定套餐电量分解为

固定套餐电量=市场化计量点总电量×70%=88 568×70%
=61 998（千瓦·时）

按照固定套餐电量总电量，对各时段电量进行分解，固定套餐电量计算见表5－24。

表5－24　固定套餐电量计算

时段	交割市场电量/（千瓦·时）	分时比例	套餐比例	固定套餐电量/（千瓦·时）	固定分时电量/（千瓦·时）
0点	3376	0.038 11	0.7	61 998	2363
1点	3376	0.038 11			2363
2点	3376	0.038 11			2363
3点	3376	0.038 11			2363
4点	3376	0.038 11			2363
5点	3376	0.038 11			2363
6点	3376	0.038 11			2363
7点	3376	0.038 11			2363
8点	3804	0.042 95			2663
9点	3754	0.042 38			2628
10点	3706	0.041 84			2594
11点	3952	0.044 62			2766
12点	4001	0.045 17			2801
13点	3804	0.042 95			2663
14点	3804	0.042 95			2663
15点	3804	0.042 95			2663
16点	3706	0.041 84			2594
17点	3706	0.041 84			2594
18点	3706	0.041 84			2594
19点	4198	0.047 39			2939
20点	4198	0.047 39			2939
21点	3804	0.042 95			2663
22点	3804	0.042 95			2663
23点	3809	0.043 00			2667
合计	88 568	1			61 998

案例中用户约定固定套餐为分月分时段统一价格则根据计算出的固定套餐分时电量，分别乘以分月分时段电价计算固定套餐电费。计算方式为

固定套餐电费=固定套餐电量×固定套餐电价

以 0:00－1:00 时段为例，则固定套餐电费为

固定套餐电费=2363×0.245 15=579.29（元）

分别计算各时段固定套餐电费，见表 5－25。汇总得到考核日固定套餐电费为 16 481.85 元。

表 5－25　　固定套餐电费计算结果

时段	固定套餐分时电量/（千瓦·时）	套餐电价/［元/（千瓦·时）］	套餐电费/元
0 点	2363	0.245 15	579.29
1 点	2363	0.245 15	579.29
2 点	2363	0.245 15	579.29
3 点	2363	0.245 15	579.29
4 点	2363	0.245 15	579.29
5 点	2363	0.245 15	579.29
6 点	2363	0.245 15	579.29
7 点	2363	0.245 15	579.29
8 点	2663	0.282 33	751.84
9 点	2628	0.282 33	741.96
10 点	2594	0.282 33	732.36
11 点	2766	0.282 33	780.92
12 点	2801	0.282 33	790.81
13 点	2663	0.263 43	701.51
14 点	2663	0.263 43	701.51
15 点	2663	0.263 43	701.51
16 点	2594	0.263 43	683.34
17 点	2594	0.273 31	708.97
18 点	2594	0.273 31	708.97
19 点	2939	0.285 65	839.53
20 点	2939	0.285 65	839.53
21 点	2663	0.285 65	760.69
22 点	2663	0.263 43	701.51
23 点	2667	0.263 43	702.57
合计	61 998		16 481.85

（2）费率类套餐电费计算。案例中零售套餐约定按 70%比例，则费率类套餐电量为 30%，则

费率类套餐电量=市场化计量点总电量－固定套餐电量

=88 568－61 998=26 570（千瓦·时）

根据费率类套餐总电量，分解得到各时段分时电量，费率类套餐电量计算结果见表 5－26。

表 5－26　费率类套餐电量计算结果

时段	分时比例	费率套餐电量/（千瓦·时）	费率分时电量/（千瓦·时）
0 点	0.038 11	26 570	1013
1 点	0.038 11		1013
2 点	0.038 11		1013
3 点	0.038 11		1013
4 点	0.038 11		1013
5 点	0.038 11		1013
6 点	0.038 11		1013
7 点	0.038 11		1013
8 点	0.042 95		1141
9 点	0.042 38		1126
10 点	0.041 84		1112
11 点	0.044 62		1186
12 点	0.045 17		1200
13 点	0.042 95		1141
14 点	0.042 95		1141
15 点	0.042 95		1141
16 点	0.041 84		1112
17 点	0.041 84		1112
18 点	0.041 84		1112
19 点	0.047 39		1259
20 点	0.047 39		1259
21 点	0.042 95		1141
22 点	0.042 95		1141
23 点	0.043 00		1142
合计	1		26 570

套餐中现货市场各时段价格均为 0.206 35 元/（千瓦·时），即为现货市场月度分时价格算数平均值，根据费率类套餐电费计算方法，以 0:00～1:00 时段为例，则

实时结算价格=实时价格×价格系数=0.206 35×0.5
=0.103 18［元/（千瓦·时）］

费率类套餐电费=费率类套餐电量×实时结算价格=1013×0.103 18=104.52（元）

分别计算各时段费率套餐电费，见表 5－27。汇总得到考核日费率套餐电费为 2741.50 元。

表 5－27　费率类套餐电费计算结果

时段	实时价格/［元/（千瓦·时）］	价格系数	实时结算价格/［元/（千瓦·时）］	费率分时电量/（千瓦·时）	费率电费/元
0 点	0.206 35	0.5	0.103 18	1013	104.52
1 点	0.206 35	0.5	0.103 18	1013	104.52
2 点	0.206 35	0.5	0.103 18	1013	104.52
3 点	0.206 35	0.5	0.103 18	1013	104.52
4 点	0.206 35	0.5	0.103 18	1013	104.52
5 点	0.206 35	0.5	0.103 18	1013	104.52
6 点	0.206 35	0.5	0.103 18	1013	104.52
7 点	0.206 35	0.5	0.103 18	1013	104.52
8 点	0.206 35	0.5	0.103 18	1141	117.73
9 点	0.206 35	0.5	0.103 18	1126	116.18
10 点	0.206 35	0.5	0.103 18	1112	114.74
11 点	0.206 35	0.5	0.103 18	1186	122.37
12 点	0.206 35	0.5	0.103 18	1200	123.82
13 点	0.206 35	0.5	0.103 18	1141	117.73
14 点	0.206 35	0.5	0.103 18	1141	117.73
15 点	0.206 35	0.5	0.103 18	1141	117.73
16 点	0.206 35	0.5	0.103 18	1112	114.74
17 点	0.206 35	0.5	0.103 18	1112	114.74
18 点	0.206 35	0.5	0.103 18	1112	114.74
19 点	0.206 35	0.5	0.103 18	1259	129.9
20 点	0.206 35	0.5	0.103 18	1259	129.9

续表

时段	实时价格/[元/（千瓦·时）]	价格系数	实时结算价格/[元/（千瓦·时）]	费率分时电量/（千瓦·时）	费率电费/元
21 点	0.206 35	0.5	0.103 18	1141	117.73
22 点	0.206 35	0.5	0.103 18	1141	117.73
23 点	0.206 35	0.5	0.103 18	1142	117.83
合计				26 570	2741.50

3. 总计

用户当月零售套餐电费为

用户当月零售套餐电费=固定套餐电费＋费率类套餐电费

=16 481.85＋2741.50=19 223.35（元）

即该用户当月套餐电费为 19 223.35 元。

5.7 集团户特殊说明

5.7.1 集团户参与零售交易方式

1. 按户参与市场交易组织

目前在市场交易组织中有两种交易参与组织的形式，如图 5－2 所示。按户参与市场交易组织主要适用于集团户，即企业代表每个分公司（子公司）参与市场交易，与售电公司签订代理关系，如移动公司、联通公司等用户均按地市级移动公司、联通公司等区域总公司方式与售电公司签订代理关系，进入市场交易。

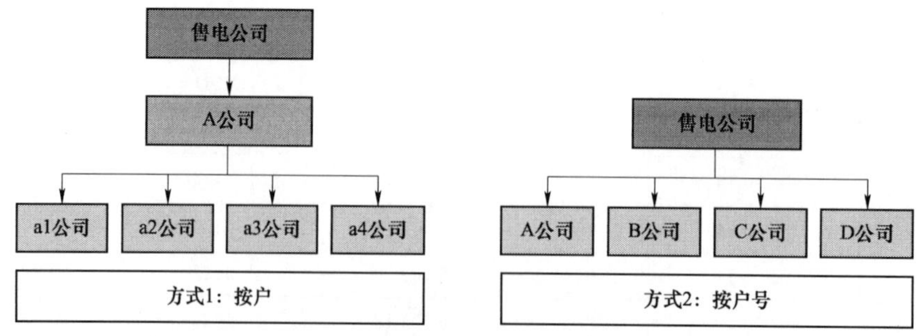

图 5－2　集团户参与零售交易方式

2. 按户号参与市场交易组织

按户号参与市场交易组织主要适用于单个个体的企业，即每个企业仅代表企业自身，不代表其他企业或子公司、分公司参与市场交易。

5.7.2 集团户偏差考核计算方式

按户进行偏差考核需要统计汇总计算该户下的所有子公司、分公司的电量及市场交易（套餐）月度加权平均价格，按子分公司汇总电量、市场交易（套餐）月度加权平均价格计算其偏差考核总费用，再根据子分公司占公司总电量比例分摊偏差考核费用。按户偏差考核方式计算流程如图 5-3 所示。

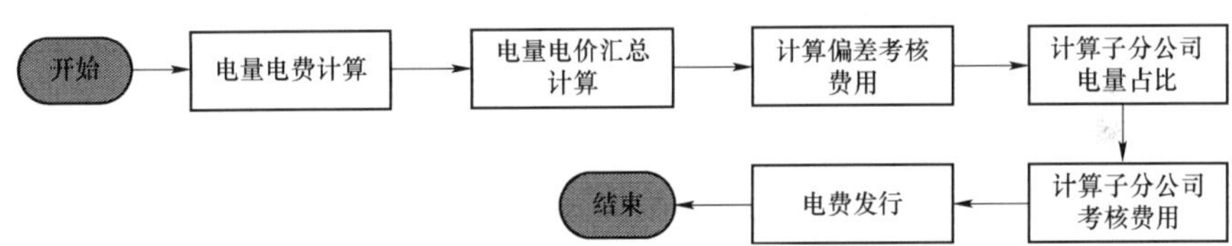

图 5-3　按户偏差考核方式计算流程

5.7.3 集团户偏差考核案例

以下以月度用电总量偏差考核法为例，说明按户计算偏差考核费计算方式。

【例 5-11】某通信公司与 A 售电公司签订零售合同，偏差考核约定按照月度用电总量偏差考核法进行考核。该用户共有 5 个通信分（子）公司参与市场化现货交易，其偏差考核约定信息见表 5-28。

表 5-28　　偏差考核约定信息

月份	月度约定总电量/（千瓦·时）	超基准值比例（%）	低基准值比例（%）	价格考核比例（%）
1 月	5000	6	2	0.3
2 月	6000	6	2	0.3
3 月	7000	6	2	0.3
4 月	8000	6	2	0.3
5 月	8000	6	2	0.3
6 月	8000	6	2	0.3
7 月	8000	6	2	0.3

续表

月份	月度约定总电量/（千瓦·时）	超基准值比例（%）	低基准值比例（%）	价格考核比例（%）
8月	8000	6	2	0.3
9月	8000	6	2	0.3
10月	8000	6	2	0.3
11月	8000	6	2	0.3
12月	7000	6	2	0.3

注 超出基准值约定比例，超出约定比例以外的电量按月度加权平均价格比例考核；低于基准值约定比例，低于约定比例以外的电量按月度加权平均价格比例考核。

该用户5个通信分（子）公司2020年3月的月度市场交易总电量、电费见表5－29。

表5－29　　3月的月度市场交易总电量、电费

用户名称	户号	3月电量/（千瓦·时）	3月市场交易电费/元
××通信分公司1	12345678989	2500	960.50
××通信分公司2	12345678990	3200	1229.44
××通信分公司3	12345678991	1600	614.72
××通信分公司4	12345678992	2000	768.40
××通信分公司5	12345678993	2700	1037.34

1. 3月市场偏差考核费计算

该用户3月市场偏差考核费计算为

月度市场交易总电量=2500＋3200＋1600＋2000＋2700

=1 2000（千瓦·时）

2. 加权平均电价计算

市场交易加权平均电价计算为

市场交易加权平均电价=（960.50＋1229.44＋614.72＋768.40＋1037.34）÷1 2000

=4610.40÷1 2000=0.384 2［元/（千瓦·时）］

3. 3月偏差考核总电费

3月偏差考核总电费见表5－30。

表 5-30　　3 月偏差考核总电费

月份	合同电量/（千瓦·时）	超基准值比例（%）	实际用电量	偏差电量/（千瓦·时）	允许偏差/（千瓦·时）	考核电量/（千瓦·时）	月度加权价格/［元/（千瓦·时）］	价格考核比例（%）	考核电价/（千瓦·时）	考核总电费/元
3 月	7000	6	12 000	5000	420	4580	0.384 2	0.3	0.115 26	527.89

4. 3 月电量占总电量比例

该用户（子）公司 3 月电量占总电量比例见表 5-31。

表 5-31　　3 月份电量占总电量比例

用户名称	户号	3 月电量/（千瓦·时）	电量占比
××通信分公司 1	12345678989	2500	0.208 3
××通信分公司 2	12345678990	3200	0.266 7
××通信分公司 3	12345678991	1600	0.133 3
××通信分公司 4	12345678992	2000	0.166 7
××通信分公司 5	12345678993	2700	0.225 0
合计		12 000	1.000 0

注　计算电量占比时仅计算市场化交易电量。

5. 3 月偏差考核

该用户各（子）公司 3 月偏差考核见表 5-32。

表 5-32　　分户偏差考核费分摊

用户名称	户号	3 月电量/（千瓦·时）	电量占比	总考核费/元	占比分摊/元
××通信分公司 1	12345678989	2500	0.208 3	527.89	109.96
××通信分公司 2	12345678990	3200	0.266 7		140.79
××通信分公司 3	12345678991	1600	0.133 3		70.37
××通信分公司 4	12345678992	2000	0.166 7		88.00
××通信分公司 5	12345678993	2700	0.225 0		118.78
合计		12 000	1.000 0		527.90

5.7.4 集团户电费结算案例

零售市场建设初期，零售套餐主要为固定价格类、阶梯电价类、市场费率类以及混合类，其中固定价格类、市场费率类可按户号进行市场化电量电费结算。由于移动、联通等集团用户按户（区域总公司）签订的零售合同（或套餐），其每个分（子）公司均执行同一个零售合同（套餐）。如集团用户选择阶梯价格类套餐，则阶梯电量分档需要按区域总公司阶梯分档电量计算。

按户进行阶梯类套餐计算需要根据集团用户的分（子）公司汇总电量计算阶梯分档电量超档情况，根据零售合同（套餐）超档约定价格计算其分（子）公司市场化电费。当出现超档电量时，超档部分根据各分（子）公司实际电量占总电量比例进行分摊计算。全部阶梯套餐计算流程如图 5－4 所示。

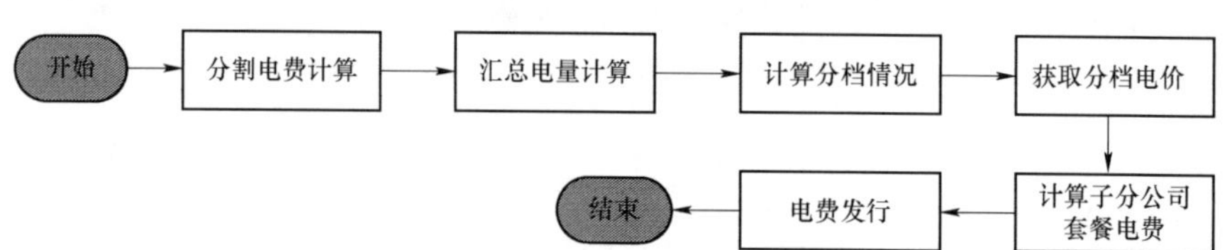

图 5－4　全部阶梯套餐计算流程

以下以阶梯类套餐为例，说明按户计算阶梯类电量电费计算方式。

【例 5－12】××通信公司与 A 售电公司签订零售合同，套餐选择阶梯类进行市场化电量电费结算。该用户共有 2 个通信分（子）公司参与市场化现货交易，阶梯类零售套餐见表 5－33。

表 5－33　　　　阶梯类零售套餐

时段	第一阶梯		第二阶梯	
	分解电量/（千瓦·时）	阶梯电价/[元/（千瓦·时）]	分解电量/（千瓦·时）	阶梯电价/[元/（千瓦·时）]
0 点	3081	0.382 4	3273	0.392 4
1 点	3081		3273	
2 点	3081		3273	
3 点	3081		3273	
4 点	3081		3273	
5 点	3081		3273	
6 点	3081		3273	
7 点	3081		3273	
8 点	3426		3641	
9 点	3426		3641	

续表

时段	第一阶梯		第二阶梯	
	分解电量/（千瓦·时）	阶梯电价/［元/（千瓦·时）］	分解电量/（千瓦·时）	阶梯电价/［元/（千瓦·时）］
10 点	3606	0.382 4	3831	0.392 4
11 点	3606		3831	
12 点	3650		3878	
13 点	3470		3687	
14 点	3470		3687	
15 点	3470		3687	
16 点	3381		3592	
17 点	3381		3592	
18 点	3381		3592	
19 点	3381		3592	
20 点	3381		3592	
21 点	3381		3592	
22 点	3470		3687	
23 点	3474		3694	
	一阶电量：80 000 及以下		二阶电量：80 000～100 000	

该用户 2 个通信分（子）公司 3 月月度实际市场交易总电量见表 5－34。

表 5－34　　分公司 3 月月度实际市场交易总电量

时段	分公司 1 电量/（千瓦·时）	分公司 2 电量/（千瓦·时）
0 点	1791	1691
1 点	1641	1591
2 点	1491	1491
3 点	1391	1041
4 点	1691	1691
5 点	1546	1546
6 点	1591	1591
7 点	1540	1540
8 点	1663	1863
9 点	1813	1813

续表

时段	分公司 1 电量/（千瓦·时）	分公司 2 电量/（千瓦·时）
10 点	1903	1903
11 点	1803	1803
12 点	1825	1575
13 点	1635	1635
14 点	1735	1735
15 点	1885	1985
16 点	1841	1841
17 点	1691	1841
18 点	1691	1691
19 点	1991	1641
20 点	1741	1741
21 点	1791	1891
22 点	1735	1735
23 点	1837	1887
合计	41 262	40 762

该用户 3 月合计电量为 41 262＋40 762=82 024（千瓦·时），超过一档阶梯电量。

该用户 3 月超档电量为 82 024－80 000=2024（千瓦·时），其中，3 月该用户第一档电量为 80 000 千瓦·时，第二档电量为 2024 千瓦·时。

根据各分（子）公司 3 月月度实际市场交易电量占总电量比例，分摊一档及二档电量见表 5－35。

表 5－35　　各分公司阶梯电量分摊

分公司	实际交易电量/（千瓦·时）	电量占比	一档电量/（千瓦·时）	一档分摊/（千瓦·时）	二档电量/（千瓦·时）	二档分摊/（千瓦·时）
分公司 1	41 262	0.503 06	80 000	40 244	2024	1018
分公司 2	40 762	0.496 95		39 756		1006
合计	82 024	1		80 000		2024

根据套餐约定方式，各分户市场交易套餐阶梯电量电费见表 5-36。

表 5-36　　分公司阶梯套餐电量电费

分公司	一档阶梯电量/（千瓦·时）	二档阶梯电量/（千瓦·时）	一档阶梯电价/［（元/千瓦·时）］	二档阶梯电价/［（元/千瓦·时）］	一档电费/（元）	二档电费/元
分公司 1	40 244	1018	0.382 4	0.392 4	15 389.31	399.46
分公司 2	39 756	1006	0.382 4	0.392 4	15 202.69	394.75
合计	80 000	2024			30 592.00	794.21

5.7.5　集团户违约金结算案例

交易中心将计算后的违约金额按市场主体分解到户，通过交易系统传递营销侧，营销侧根据违约金分解情况随电力用户电费一并收取。其中，集团化用户交易中心分解到户后，营销侧根据集团用户的子（分）用户电量比例分解违约金至户号，并随当月电费一并收取。违约金结算流程如图 5-5 所示。

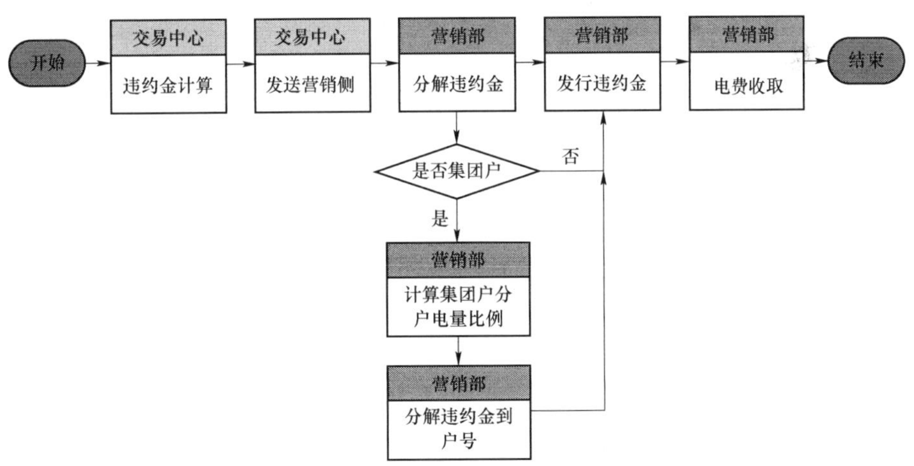

图 5-5　违约金结算流程

当违约责任为售电公司时，违约金计算结果见表 5-37。

表 5－37　　违约方为售电公司时的违约金计算结果

售电公司	违约金额/元	代理用户	分摊金额/元	是否集团户	电量/（千瓦·时）	子（分）户电量/（千瓦·时）	子（分）户电量比例	违约金到户金额/元
A 售电公司	12 000.00	A 户	－2000.00	否	10 000	无	1.000 00	－2000.00
		B 户	－2000.00	否	13 000	无	1.000 00	－2000.00
		C 户	－2000.00	否	12 540	无	1.000 00	－2000.00
		D 户	－2000.00	是	24 130	7000	0.290 10	－580.19
						6320	0.261 91	－523.83
						3214	0.133 20	－266.39
						4404	0.182 51	－365.02
						2120	0.087 86	－175.71
						1072	0.044 43	－88.85
		E 户	－2000.00	否	23 410	无	1.000 00	－2000.00
		F 户	－2000.00	否	17 860	无	1.000 00	－2000.00

当违约责任为电力用户（集团用户）时，违约金计算结果见表 5－38。

表 5－38　　违约方为电力用户（集团用户）时的违约金计算结果

集团用户	违约金额/元	子（分户）	子（分户）电量/（千瓦·时）	子（分户）电量比例	违约金到户金额/元
A 集团户	12 000.00	a1 户	6400	0.270 04	3240.51
		a2 户	5100	0.215 19	2582.28
		a3 户	3200	0.135 02	1620.25
		a4 户	4400	0.185 65	2227.85
		a5 户	4600	0.194 09	2329.11

附录A 零售套餐样例

A.1 固定价格类零售套餐样例（见附表A-1）

附表A-1 固定价格类零售套餐样例

套餐名称：固定套餐-分时段						
套餐编号	YXCSTC-GDFSD01	合约周期	20200101～20201231			
1. 交易价格						
开始月	结束月	开始时间	结束时间	价格/［元/（千千瓦·时）］	备注	
202001	202012	1:00	7:00	389		
202001	202012	8:00	18:00	364		
202001	202012	19:00	24:00	366		
2. 偏差考核						
2.1 月度分时段						
开始月	结束月	开始时间	结束时间	偏差方式	免考核比例	考核费率
1月	8月	1:00	14:00	正负考核	+6、-2	+5，-15
1月	8月	14:00	24:00	正负考核	+6、-2	+5，-15
9月	12月	1:00	12:00	正负考核	+6、-2	+5，-15
9月	12月	12:00	24:00	正负考核	+6、-2	+5，-15
2.2 基准曲线						
2.2.1 工作日曲线						
时段	用电比例	考核方式	免考核比例（+）	免考核比例（-）	考核费率（+）	考核费率（-）
01:00	0.043	正负考核	6	2	5	15
02:00	0.043	正负考核	6	2	5	15
03:00	0.042	正负考核	6	2	5	15
04:00	0.042	正负考核	6	2	5	15
05:00	0.042	正负考核	6	2	5	15
06:00	0.042	正负考核	6	2	5	15
07:00	0.041	正负考核	6	2	5	15

续表

时段	用电比例	考核方式	免考核比例（+）	免考核比例（–）	考核费率（+）	考核费率（–）
08:00	0.042	正负考核	6	2	5	15
09:00	0.042	正负考核	6	2	5	15
10:00	0.040	正负考核	6	2	5	15
11:00	0.040	正负考核	6	2	5	15
12:00	0.042	正负考核	6	2	5	15
13:00	0.042	正负考核	6	2	5	15
14:00	0.042	正负考核	6	2	5	15
15:00	0.042	正负考核	6	2	5	15
16:00	0.042	正负考核	6	2	5	15
17:00	0.042	正负考核	6	2	5	15
18:00	0.042	正负考核	6	2	5	15
19:00	0.040	正负考核	6	2	5	15
20:00	0.040	正负考核	6	2	5	15
21:00	0.040	正负考核	6	2	5	15
22:00	0.042	正负考核	6	2	5	15
23:00	0.042	正负考核	6	2	5	15
24:00	0.043	正负考核	6	2	5	15

2.2.2　节假日曲线

时段	用电比例	考核方式	免考核比例（+）	免考核比例（–）	考核费率（+）	考核费率（–）
01:00	0.043	负考核	/	2	/	15
02:00	0.043	负考核	/	2	/	15
03:00	0.042	负考核	/	2	/	15
04:00	0.042	负考核	/	2	/	15
05:00	0.042	负考核	/	2	/	15
06:00	0.042	负考核	/	2	/	15
07:00	0.041	正负考核	6	2	5	15
08:00	0.042	正考核	6	2	5	15
09:00	0.042	正考核	6	2	5	15
10:00	0.039	免考核	/	/	/	/
11:00	0.039	免考核	/	/	/	/

续表

时段	用电比例	考核方式	免考核比例（+）	免考核比例（−）	考核费率（+）	考核费率（−）
12:00	0.042	正负考核	6	2	5	15
13:00	0.043	正负考核	6	2	5	15
14:00	0.043	正负考核	6	2	5	15
15:00	0.043	正负考核	6	2	5	15
16:00	0.043	正考核	6	/	5	/
17:00	0.043	正考核	6	/	5	/
18:00	0.042	正考核	6	/	5	/
19:00	0.039	免考核	/	/	/	/
20:00	0.039	免考核	/	/	/	/
21:00	0.039	免考核	/	/	/	/
22:00	0.042	正负考核	6	2	5	15
23:00	0.042	负考核	/	2	/	15
24:00	0.043	负考核	/	2	/	15

2.2.3 周六曲线

时段	用电比例	考核方式	免考核比例（+）	免考核比例（−）	考核费率（+）	考核费率（1）
01:00	0.042	负考核	/	2	/	15
02:00	0.042	负考核	/	2	/	15
03:00	0.042	负考核	/	2	/	15
04:00	0.042	负考核	/	2	/	15
05:00	0.042	负考核	/	2	/	15
06:00	0.042	负考核	/	2	/	15
07:00	0.042	正负考核	6	2	5	15
08:00	0.042	正考核	6	2	5	15
09:00	0.042	正考核	6	2	5	15
10:00	0.042	免考核	/	/	/	/
11:00	0.042	免考核	/	/	/	/
12:00	0.042	正负考核	6	2	5	15
13:00	0.042	正负考核	6	2	5	15
14:00	0.042	正负考核	6	2	5	15
15:00	0.042	正负考核	6	2	5	15

续表

时段	用电比例	考核方式	免考核比例（+）	免考核比例（–）	考核费率（+）	考核费率（1）
16:00	0.042	正考核	6	/	5	/
17:00	0.042	正考核	6	/	5	/
18:00	0.042	正考核	6	/	5	/
19:00	0.042	免考核	/	/	/	/
20:00	0.042	免考核	/	/	/	/
21:00	0.042	免考核	/	/	/	/
22:00	0.042	正负考核	6	2	5	15
23:00	0.042	负考核	/	2	/	15
24:00	0.034	负考核	/	2	/	15

2.2.4 周日曲线

时段	用电比例	考核方式	免考核比例（+）	免考核比例（–）	考核费率（+）	考核费率（1）
01:00	0.042	负考核	/	2	/	15
02:00	0.042	负考核	/	2	/	15
03:00	0.042	负考核	/	2	/	15
04:00	0.042	负考核	/	2	/	15
05:00	0.042	负考核	/	2	/	15
06:00	0.042	负考核	/	2	/	15
07:00	0.042	正负考核	6	2	5	15
08:00	0.042	正考核	6	2	5	15
09:00	0.042	正考核	6	2	5	15
10:00	0.042	免考核	/	/	/	/
11:00	0.042	免考核	/	/	/	/
12:00	0.042	正负考核	6	2	5	15
13:00	0.042	正负考核	6	2	5	15
14:00	0.042	正负考核	6	2	5	15
15:00	0.042	正负考核	6	2	5	15
16:00	0.042	正考核	6	/	5	/
17:00	0.042	正考核	6	/	5	/
18:00	0.042	正考核	6	/	5	/
19:00	0.042	免考核	/	/	/	/

续表

时段	用电比例	考核方式	免考核比例（+）	免考核比例（–）	考核费率（+）	考核费率（1）
20:00	0.042	免考核	/	/	/	/
21:00	0.042	免考核	/	/	/	/
22:00	0.042	正负考核	6	2	5	15
23:00	0.042	负考核	/	2	/	15
24:00	0.034	负考核	/	2	/	15

注　正负考核指多用、少用考核。

A.2　阶梯类零售套餐样例（见附表 A–2）

附表 A–2　　阶梯类零售套餐样例

套餐名称：阶梯套餐				
套餐编号	YXCSTC–JTJG01	合约周期	20200101～20201231	
1. 交易价格				
阶梯分档	电量最大值/（千瓦·时）	电量最小值/（千瓦·时）	价格/［元/（千瓦·时）］	备注
一档	0	2 000 000	387	
二档	2 000 000	4 000 000	385	
三档	4 000 000	6 000 000	383	
四档	6 000 000	/	382	

2. 偏差考核						
2.1　月度分时段						
开始月	结束月	开始时间	结束时间	偏差方式	免考核比例	考核费率
1 月	8 月	01:00	14:00	正负考核	+6、–2	+5，–15
1 月	8 月	14:00	24:00	正负考核	+6、–2	+5，–15
9 月	12 月	01:00	12:00	正负考核	+6、–2	+5，–15
9 月	12 月	12:00	24:00	正负考核	+6、–2	+5，–15
2.2　基准曲线						
2.2.1　工作日曲线						
时段	用电比例	考核方式	免考核比例（+）	免考核比例（–）	考核费率（+）	考核费率（–）
01:00	0.043	正负考核	6	2	5	15
02:00	0.043	正负考核	6	2	5	15

续表

时段	用电比例	考核方式	免考核比例（+）	免考核比例（–）	考核费率（+）	考核费率（–）
03:00	0.042	正负考核	6	2	5	15
04:00	0.042	正负考核	6	2	5	15
05:00	0.042	正负考核	6	2	5	15
06:00	0.042	正负考核	6	2	5	15
07:00	0.041	正负考核	6	2	5	15
08:00	0.042	正负考核	6	2	5	15
09:00	0.042	正负考核	6	2	5	15
10:00	0.040	正负考核	6	2	5	15
11:00	0.040	正负考核	6	2	5	15
12:00	0.042	正负考核	6	2	5	15
13:00	0.042	正负考核	6	2	5	15
14:00	0.042	正负考核	6	2	5	15
15:00	0.042	正负考核	6	2	5	15
16:00	0.042	正负考核	6	2	5	15
17:00	0.042	正负考核	6	2	5	15
18:00	0.042	正负考核	6	2	5	15
19:00	0.040	正负考核	6	2	5	15
20:00	0.040	正负考核	6	2	5	15
21:00	0.040	正负考核	6	2	5	15
22:00	0.042	正负考核	6	2	5	15
23:00	0.042	正负考核	6	2	5	15
24:00	0.043	正负考核	6	2	5	15

2.2.2　节假日曲线

时段	用电比例	考核方式	免考核比例（+）	免考核比例（–）	考核费率（+）	考核费率（–）
01:00	0.043	负考核	/	2	/	15
02:00	0.043	负考核	/	2	/	15
03:00	0.042	负考核	/	2	/	15
04:00	0.042	负考核	/	2	/	15
05:00	0.042	负考核	/	2	/	15
06:00	0.042	负考核	/	2	/	15

续表

时段	用电比例	考核方式	免考核比例（+）	免考核比例（–）	考核费率（+）	考核费率（–）
07:00	0.041	正负考核	6	2	5	15
08:00	0.042	正考核	6	2	5	15
09:00	0.042	正考核	6	2	5	15
10:00	0.039	免考核	/	/	/	/
11:00	0.039	免考核	/	/	/	/
12:00	0.042	正负考核	6	2	5	15
13:00	0.043	正负考核	6	2	5	15
14:00	0.043	正负考核	6	2	5	15
15:00	0.043	正负考核	6	2	5	15
16:00	0.043	正考核	6	/	5	/
17:00	0.043	正考核	6	/	5	/
18:00	0.042	正考核	6	/	5	/
19:00	0.039	免考核	/	/	/	/
20:00	0.039	免考核	/	/	/	/
21:00	0.039	免考核	/	/	/	/
22:00	0.042	正负考核	6	2	5	15
23:00	0.042	负考核	/	2	/	15
24:00	0.043	负考核	/	2	/	15

2.2.3　周六曲线

时段	用电比例	考核方式	免考核比例（+）	免考核比例（–）	考核费率（+）	考核费率（1）
01:00	0.042	负考核	/	2	/	15
02:00	0.042	负考核	/	2	/	15
03:00	0.042	负考核	/	2	/	15
04:00	0.042	负考核	/	2	/	15
05:00	0.042	负考核	/	2	/	15
06:00	0.042	负考核	/	2	/	15
07:00	0.042	正负考核	6	2	5	15
08:00	0.042	正考核	6	2	5	15
09:00	0.042	正考核	6	2	5	15
10:00	0.042	免考核	/	/	/	/

续表

时段	用电比例	考核方式	免考核比例（+）	免考核比例（–）	考核费率（+）	考核费率（1）
11:00	0.042	免考核	/	/	/	/
12:00	0.042	正负考核	6	2	5	15
13:00	0.042	正负考核	6	2	5	15
14:00	0.042	正负考核	6	2	5	15
15:00	0.042	正负考核	6	2	5	15
16:00	0.042	正考核	6	/	5	/
17:00	0.042	正考核	6	/	5	/
18:00	0.042	正考核	6	/	5	/
19:00	0.042	免考核	/	/	/	/
20:00	0.042	免考核	/	/	/	/
21:00	0.042	免考核	/	/	/	/
22:00	0.042	正负考核	6	2	5	15
23:00	0.042	负考核	/	2	/	15
24:00	0.034	负考核	/	2	/	15

2.2.4 周日曲线

时段	用电比例	考核方式	免考核比例（+）	免考核比例（–）	考核费率（+）	考核费率（1）
01:00	0.042	负考核	/	2	/	15
02:00	0.042	负考核	/	2	/	15
03:00	0.042	负考核	/	2	/	15
04:00	0.042	负考核	/	2	/	15
05:00	0.042	负考核	/	2	/	15
06:00	0.042	负考核	/	2	/	15
07:00	0.042	正负考核	6	2	5	15
08:00	0.042	正考核	6	2	5	15
09:00	0.042	正考核	6	2	5	15
10:00	0.042	免考核	/	/	/	/
11:00	0.042	免考核	/	/	/	/
12:00	0.042	正负考核	6	2	5	15
13:00	0.042	正负考核	6	2	5	15
14:00	0.042	正负考核	6	2	5	15

续表

时段	用电比例	考核方式	免考核比例（+）	免考核比例（–）	考核费率（+）	考核费率（1）
15:00	0.042	正负考核	6	2	5	15
16:00	0.042	正考核	6	/	5	/
17:00	0.042	正考核	6	/	5	/
18:00	0.042	正考核	6	/	5	/
19:00	0.042	免考核	/	/	/	/
20:00	0.042	免考核	/	/	/	/
21:00	0.042	免考核	/	/	/	/
22:00	0.042	正负考核	6	2	5	15
23:00	0.042	负考核	/	2	/	15
24:00	0.034	负考核	/	2	/	15

注　正负考核指多用、少用考核。

A.3　市场费率类零售套餐样例（日前价格，见附表A–3）

附表A–3　　市场费率类零售套餐样例（日前价格）

套餐名称：市场费率套餐						
套餐编号	YXCSTC–SCFL01		合约周期	20200101～20201231		
1. 交易价格						
开始月	结束月	开始时间	结束时间	市场基准价格	价格调整系数（k）	备注
202001	202012	01:00	24:00	现货日前市场价格	1.6	
2. 偏差考核						
2.1　月度时段						
开始月	结束月	开始时间	结束时间	偏差方式	免考核比例	考核费率
1月	12月	01:00	07:00	正负考核	+6、–2	+5，–13
1月	12月	08:00	18:00	正负考核	+6、–2	+5，–13
1月	12月	19:00	24:00	正负考核	+6、–2	+5，–13
2.2　基准曲线						
2.2.1　工作日曲线						
时段	用电比例	考核方式	免考核比例（+）	免考核比例（–）	考核费率（+）	考核费率（–）
01:00	0.043	正负考核	6	2	5	13
02:00	0.043	正负考核	6	2	5	13

续表

时段	用电比例	考核方式	免考核比例（+）	免考核比例（–）	考核费率（+）	考核费率（–）
03:00	0.042	正负考核	6	2	5	13
04:00	0.042	正负考核	6	2	5	13
05:00	0.042	正负考核	6	2	5	13
06:00	0.042	正负考核	6	2	5	13
07:00	0.041	正负考核	6	2	5	13
08:00	0.042	正负考核	6	2	5	13
09:00	0.042	正负考核	6	2	5	13
10:00	0.040	正负考核	6	2	5	13
11:00	0.040	正负考核	6	2	5	13
12:00	0.042	正负考核	6	2	5	13
13:00	0.042	正负考核	6	2	5	13
14:00	0.042	正负考核	6	2	5	13
15:00	0.042	正负考核	6	2	5	13
16:00	0.042	正负考核	6	2	5	13
17:00	0.042	正负考核	6	2	5	13
18:00	0.042	正负考核	6	2	5	13
19:00	0.040	正负考核	6	2	5	13
20:00	0.040	正负考核	6	2	5	13
21:00	0.040	正负考核	6	2	5	13
22:00	0.042	正负考核	6	2	5	13
23:00	0.042	正负考核	6	2	5	13
24:00	0.043	正负考核	6	2	5	13

2.2.2 节假日曲线

时段	用电比例	考核方式	免考核比例（+）	免考核比例（–）	考核费率（+）	考核费率（–）
01:00	0.043	负考核	/	2	/	13
02:00	0.043	负考核	/	2	/	13
03:00	0.042	负考核	/	2	/	13
04:00	0.042	负考核	/	2	/	13
05:00	0.042	负考核	/	2	/	13
06:00	0.042	负考核	/	2	/	13
07:00	0.041	正负考核	6	2	5	13

续表

时段	用电比例	考核方式	免考核比例（+）	免考核比例（－）	考核费率（+）	考核费率（－）
08:00	0.042	正考核	6	2	5	13
09:00	0.042	正考核	6	2	5	13
10:00	0.039	免考核	/	/	/	/
11:00	0.039	免考核	/	/	/	/
12:00	0.042	正负考核	6	2	5	13
13:00	0.043	正负考核	6	2	5	13
14:00	0.043	正负考核	6	2	5	13
15:00	0.043	正负考核	6	2	5	13
16:00	0.043	正考核	6	/	5	/
17:00	0.043	正考核	6	/	5	/
18:00	0.042	正考核	6	/	5	/
19:00	0.039	免考核	/	/	/	/
20:00	0.039	免考核	/	/	/	/
21:00	0.039	免考核	/	/	/	/
22:00	0.042	正负考核	6	2	5	13
23:00	0.042	负考核	/	2	/	13
24:00	0.043	负考核	/	2	/	13

2.2.3　周六曲线

时段	用电比例	考核方式	免考核比例（+）	免考核比例（－）	考核费率（+）	考核费率（1）
01:00	0.042	负考核	/	2	/	13
02:00	0.042	负考核	/	2	/	13
03:00	0.042	负考核	/	2	/	13
04:00	0.042	负考核	/	2	/	13
05:00	0.042	负考核	/	2	/	13
06:00	0.042	负考核	/	2	/	13
07:00	0.042	正负考核	6	2	5	13
08:00	0.042	正考核	6	2	5	13
09:00	0.042	正考核	6	2	5	13
10:00	0.042	免考核	/	/	/	/
11:00	0.042	免考核	/	/	/	/
12:00	0.042	正负考核	6	2	5	13

续表

时段	用电比例	考核方式	免考核比例（+）	免考核比例（–）	考核费率（+）	考核费率（1）
13:00	0.042	正负考核	6	2	5	13
14:00	0.042	正负考核	6	2	5	13
15:00	0.042	正负考核	6	2	5	13
16:00	0.042	正考核	6	/	5	/
17:00	0.042	正考核	6	/	5	/
18:00	0.042	正考核	6	/	5	/
19:00	0.042	免考核	/	/	/	/
20:00	0.042	免考核	/	/	/	/
21:00	0.042	免考核	/	/	/	/
22:00	0.042	正负考核	6	2	5	13
23:00	0.042	负考核	/	2	/	13
24:00	0.034	负考核	/	2	/	13

2.2.4　周日曲线

时段	用电比例	考核方式	免考核比例（+）	免考核比例（–）	考核费率（+）	考核费率（1）
01:00	0.042	负考核	/	2	/	13
02:00	0.042	负考核	/	2	/	13
03:00	0.042	负考核	/	2	/	13
04:00	0.042	负考核	/	2	/	13
05:00	0.042	负考核	/	2	/	13
06:00	0.042	负考核	/	2	/	13
07:00	0.042	正负考核	6	2	5	13
08:00	0.042	正考核	6	2	5	13
09:00	0.042	正考核	6	2	5	13
10:00	0.042	免考核	/	/	/	/
11:00	0.042	免考核	/	/	/	/
12:00	0.042	正负考核	6	2	5	13
13:00	0.042	正负考核	6	2	5	13
14:00	0.042	正负考核	6	2	5	13
15:00	0.042	正负考核	6	2	5	13
16:00	0.042	正考核	6	/	5	/
17:00	0.042	正考核	6	/	5	/

续表

时段	用电比例	考核方式	免考核比例（+）	免考核比例（－）	考核费率（+）	考核费率（1）
18:00	0.042	正考核	6	/	5	/
19:00	0.042	免考核	/	/	/	/
20:00	0.042	免考核	/	/	/	/
21:00	0.042	免考核	/	/	/	/
22:00	0.042	正负考核	6	2	5	13
23:00	0.042	负考核	/	2	/	13
24:00	0.034	负考核	/	2	/	13

注　正负考核指多用、少用考核。

A.4　混合类零售套餐样例（见附表A－4）

附表A－4　　　混合类零售套餐样例

<table>
<tr><td colspan="7">套餐名称：固定套餐－混合类</td></tr>
<tr><td>套餐编号</td><td colspan="2">YXCSTC－HHL01</td><td>合约周期</td><td colspan="3">20200101～20201231</td></tr>
<tr><td colspan="7">1. 交易价格</td></tr>
<tr><td colspan="7">1.1　固定价格</td></tr>
<tr><td>开始月</td><td>结束月</td><td>开始时间</td><td>结束时间</td><td>价格/［元/千千瓦·时）］</td><td>固定价格电量比例（%）</td><td>备注</td></tr>
<tr><td>202001</td><td>202012</td><td>01:00</td><td>24:00</td><td>290</td><td>60</td><td></td></tr>
<tr><td colspan="7">1.2　市场费率类价格</td></tr>
<tr><td>开始月</td><td>结束月</td><td>开始时间</td><td>结束时间</td><td>市场基准价格</td><td>价格调整系数（k）</td><td>备注</td></tr>
<tr><td>202001</td><td>202012</td><td>01:00</td><td>24:00</td><td>现货实时市场价格</td><td>1.1</td><td></td></tr>
<tr><td colspan="7">2. 偏差考核</td></tr>
<tr><td colspan="7">2.1　月度分时段</td></tr>
<tr><td>开始月</td><td>结束月</td><td>开始时间</td><td>结束时间</td><td>偏差方式</td><td>免考核比例</td><td>考核费率</td></tr>
<tr><td>1月</td><td>8月</td><td>01:00</td><td>14:00</td><td>正负考核</td><td>+6、－2</td><td>+5，－15</td></tr>
<tr><td>1月</td><td>8月</td><td>14:00</td><td>24:00</td><td>正负考核</td><td>+6、－2</td><td>+5，－15</td></tr>
<tr><td>9月</td><td>12月</td><td>01:00</td><td>12:00</td><td>正负考核</td><td>+6、－2</td><td>+5，－15</td></tr>
<tr><td>9月</td><td>12月</td><td>12:00</td><td>24:00</td><td>正负考核</td><td>+6、－2</td><td>+5，－15</td></tr>
</table>

续表

2.2 基准曲线						
2.2.1 工作日曲线						
时段	用电比例	考核方式	免考核比例（+）	免考核比例（–）	考核费率（+）	考核费率（–）
01:00	0.043	正负考核	6	2	5	15
02:00	0.043	正负考核	6	2	5	15
03:00	0.042	正负考核	6	2	5	15
04:00	0.042	正负考核	6	2	5	15
05:00	0.042	正负考核	6	2	5	15
06:00	0.042	正负考核	6	2	5	15
07:00	0.041	正负考核	6	2	5	15
08:00	0.042	正负考核	6	2	5	15
09:00	0.042	正负考核	6	2	5	15
10:00	0.040	正负考核	6	2	5	15
11:00	0.040	正负考核	6	2	5	15
12:00	0.042	正负考核	6	2	5	15
13:00	0.042	正负考核	6	2	5	15
14:00	0.042	正负考核	6	2	5	15
15:00	0.042	正负考核	6	2	5	15
16:00	0.042	正负考核	6	2	5	15
17:00	0.042	正负考核	6	2	5	15
18:00	0.042	正负考核	6	2	5	15
19:00	0.040	正负考核	6	2	5	15
20:00	0.040	正负考核	6	2	5	15
21:00	0.040	正负考核	6	2	5	15
22:00	0.042	正负考核	6	2	5	15
23:00	0.042	正负考核	6	2	5	15
24:00	0.043	正负考核	6	2	5	15
2.2.2 节假日曲线						
时段	用电比例	考核方式	免考核比例（+）	免考核比例（–）	考核费率（+）	考核费率（–）
01:00	0.043	负考核	/	2	/	15
02:00	0.043	负考核	/	2	/	15
03:00	0.042	负考核	/	2	/	15

续表

时段	用电比例	考核方式	免考核比例（+）	免考核比例（–）	考核费率（+）	考核费率（–）
04:00	0.042	负考核	/	2	/	15
05:00	0.042	负考核	/	2	/	15
06:00	0.042	负考核	/	2	/	15
07:00	0.041	正负考核	6	2	5	15
08:00	0.042	正考核	6	2	5	15
09:00	0.042	正考核	6	2	5	15
10:00	0.039	免考核	/	/	/	/
11:00	0.039	免考核	/	/	/	/
12:00	0.042	正负考核	6	2	5	15
13:00	0.043	正负考核	6	2	5	15
14:00	0.043	正负考核	6	2	5	15
15:00	0.043	正负考核	6	2	5	15
16:00	0.043	正考核	6	/	5	/
17:00	0.043	正考核	6	/	5	/
18:00	0.042	正考核	6	/	5	/
19:00	0.039	免考核	/	/	/	/
20:00	0.039	免考核	/	/	/	/
21:00	0.039	免考核	/	/	/	/
22:00	0.042	正负考核	6	2	5	15
23:00	0.042	负考核	/	2	/	15
24:00	0.043	负考核	/	2	/	15

2.2.3 周六曲线

时段	用电比例	考核方式	免考核比例（+）	免考核比例（–）	考核费率（+）	考核费率（1）
01:00	0.042	负考核	/	2	/	15
02:00	0.042	负考核	/	2	/	15
03:00	0.042	负考核	/	2	/	15
04:00	0.042	负考核	/	2	/	15
05:00	0.042	负考核	/	2	/	15
06:00	0.042	负考核	/	2	/	15
07:00	0.042	正负考核	6	2	5	15
08:00	0.042	正考核	6	2	5	15

续表

时段	用电比例	考核方式	免考核比例（+）	免考核比例（－）	考核费率（+）	考核费率（1）
09:00	0.042	正考核	6	2	5	15
10:00	0.042	免考核	/	/	/	/
11:00	0.042	免考核	/	/	/	/
12:00	0.042	正负考核	6	2	5	15
13:00	0.042	正负考核	6	2	5	15
14:00	0.042	正负考核	6	2	5	15
15:00	0.042	正负考核	6	2	5	15
16:00	0.042	正考核	6	/	5	/
17:00	0.042	正考核	6	/	5	/
18:00	0.042	正考核	6	/	5	/
19:00	0.042	免考核	/	/	/	/
20:00	0.042	免考核	/	/	/	/
21:00	0.042	免考核	/	/	/	/
22:00	0.042	正负考核	6	2	5	15
23:00	0.042	负考核	/	2	/	15
24:00	0.034	负考核	/	2	/	15

2.2.4　周日曲线

时段	用电比例	考核方式	免考核比例（+）	免考核比例（－）	考核费率（+）	考核费率（1）
01:00	0.042	负考核	/	2	/	15
02:00	0.042	负考核	/	2	/	15
03:00	0.042	负考核	/	2	/	15
04:00	0.042	负考核	/	2	/	15
05:00	0.042	负考核	/	2	/	15
06:00	0.042	负考核	/	2	/	15
07:00	0.042	正负考核	6	2	5	15
08:00	0.042	正考核	6	2	5	15
09:00	0.042	正考核	6	2	5	15
10:00	0.042	免考核	/	/	/	/
11:00	0.042	免考核	/	/	/	/
12:00	0.042	正负考核	6	2	5	15
13:00	0.042	正负考核	6	2	5	15

续表

时段	用电比例	考核方式	免考核比例（+）	免考核比例（−）	考核费率（+）	考核费率（1）
14:00	0.042	正负考核	6	2	5	15
15:00	0.042	正负考核	6	2	5	15
16:00	0.042	正考核	6	/	5	/
17:00	0.042	正考核	6	/	5	/
18:00	0.042	正考核	6	/	5	/
19:00	0.042	免考核	/	/	/	/
20:00	0.042	免考核	/	/	/	/
21:00	0.042	免考核	/	/	/	/
22:00	0.042	正负考核	6	2	5	15
23:00	0.042	负考核	/	2	/	15
24:00	0.034	负考核	/	2	/	15

注　正负考核指多用、少用考核。

附录B　零售套餐合同模板

B.1　售电公司与电力用户零售合同（分月段时段套餐）

售电公司与电力用户零售合同（分月段时段套餐）模板如下。

套餐编号：　　　　　　　　　　　　　　合同编号：

售电公司与电力用户

零售合同

甲方（售电公司）：

乙方（电力用户）：

年　月　日

目 录

售电公司与电力用户零售合同

售电公司与电力用户电力零售交易合同（以下简称本合同）由下列双方签署：

（1）售电方（售电公司，以下简称甲方）：______________，系一家具有法人资格的售电公司，企业所在地为（省、市、县（区）________），在登记注册，统一社会信用代码：______________，住所：________，法定代表人/授权代理人：姓名：________身份证号：______________联系方式：________。

甲方为符合××省售电公司直接交易准入条件的市场主体，在××电力交易中心有限公司（以下简称：电力交易中心）完成公示、承诺、注册、备案程序，具备开展电力直接交易的购售电资格，在电力交易中心注册登记的资产总额为万元，可从事年售电量最大为亿千瓦·时。

（2）购电方（电力用户，以下简称乙方）：______________，系一家具有法人资格/经法人单位授权的电力用户，所在地为：________（省、市、县（区）________），在登记注册，统一社会信用代码：________，住所：________，法定代表人/授权代理人：姓名：________身份证号：______________联系方式：________。

1. 双方的权利和义务

1.1　甲方的权利包括：

1.1.1　要求乙方提供履行本合同义务相关的信息、资料，查询乙方用电曲线。

1.1.2　发生不可抗力、紧急情况时，甲方有权调整用电量计划。

1.2　甲方的义务包括：

1.2.1　按照国家有关法规、规定和技术规范，为乙方提供电力交易服务，参与电力市场交易并按规定结算。

1.2.2　向乙方提供真实准确的有关电力直接交易的相关信息及资料，不得提供虚假的或误导性的信息。

1.2.3　协助乙方申请办理电力交易有关手续。

1.2.4　发生紧急情况时，按照相关规定执行。

1.2.5　向乙方和电网企业提供与履行本合同相关的其他信息。

1.3　乙方的权利包括：

1.3.1　根据与电网企业签订的《供用电合同》，按照国家有关法规享受电网企业提供的有关接入和用电服务。

1.3.2　与甲方协商制定用电计划和设备维修计划。

1.3.3　获得甲方履行本合同义务相关的信息、资料。

1.4　乙方的义务包括：

1.4.1　按照国家有关法规、规定和技术规范，运行、维护有关用电设施，合理控制用电系统。

1.4.2　事先向甲方提供电力交易容量、电量及其他生产运行信息。

1.4.3　向甲方提供与履行本合同相关的其他信息。如实提供用户用电信息，配合甲方、电网企业及电力交易中心进行电力交易、电费结算、数据统计等工作。

1.4.4　按电力相关规定和《供用电合同》按时足额缴纳电费。

1.4.5　电力交易电量不得转供或变相转供。

1.4.6　发生紧急情况时，按照相关规定执行。

1.5　双方的权力包括：

任何一方未通过书面形式声明放弃其在本合同项下的任何权利，则不应被视为其弃权。

1.6　双方的义务包括：

甲、乙双方均应保证其从另一方取得的所有无法自公开渠道获得的资料和文件（包括财务、技术、价格等内容）予以保密。未经该资料和文件的原提供方同意，不得向任何第三方透露该资料和文件的全部或任何部分，但按照法律、法规规定可做出披露的情况除外。

2. 交易电量、电价

2.1　交易周期：本合同交易周期自___年___月___日至___年___月___日。

2.2　交易电量：乙方同意向甲方购买交易周期内的全部用电量。

2.3　交易电价：

交易周期内的全部用电量按照固定价格类进行交易，约定交易电价按以下方式处理：

套餐时间按月度划分为 1～5 月、6～9 月、10～12 月 3 个分月段，再将每个交易日统一划分为 00:00～7:00、08:00～17:00、18:00～22:00、23:00～24:00 5 个时段，每个月段中的每个时段执行相同的零售价格（含税）。

零售价格为：

月份＼时间	00:00～7:00	08:00～17:00	18:00～22:00	23:00～24:00
1～5月	382.5	388.8	390.0	382.0
6～9月	383.5	389.8	392.0	384.0
10～12月	382.9	388.9	390.9	382.9

2.4　偏差考核：

甲方对乙方的实际用电量与乙方的偏差基准电量进行偏差统计。

以电力零售用户购买的18:00～22:00时段月度总用电量为基准值 Q。当用户实际用电量超出基准值时，5%以内的多用电量免于偏差考核，以外的多用电量按照其月度加权平均电能量价格的10%收取偏差考核费用；当用户实际用电量少于基准值时，3%以内的少用电量免于偏差考核，以外的少用电量按照其月度加权平均电能量价格的12%收取偏差考核费用。

3. 电能计量、电费结算和支付

3.1　电力交易涉及的电量计量点在乙方与电网企业签订的《供用电合同》中约定。

3.2　电力交易涉及的电能计量装置要求、电能计量装置校验要求和计量装置异常处理办法，按照《供用电合同》约定执行。

3.3　乙方计量装置具备分时电量计量条件的，电网企业抄表获取用户每天24小时各时段实际用电量。电力零售交易结算电量以此为结算依据。

乙方计量装置不具备分时电量计量条件的，电网企业按照用户尖峰、峰段、平段、谷段的用电量拟合计算用户各时段电量。电力零售交易结算电量以各时段电量为结算依据。

3.4　在结算周期内，乙方的电度电价（费）根据本合同约定的方式自动生成，功率因数、峰谷比调整、容量电费等仍由电网企业按照现行国家及××省的政策执行。

3.5　乙方按《供用电合同》约定交付用电电费，原有向电网企业缴交用电电费、计费方式以及结算流程均保持不变。

4　合同解约

4.1　合同一方可选择按如下条款向另一方提出解约：

强制解约，违约金系数___%，违约金最小值___元，最大值___元。

解约提出方应及时向被解约方支付解约金。

4.2 违约的处理原则

4.2.1 违约方应承担支付违约金、继续履行合同和采取补救措施等责任。在支付违约金、继续履约或者采取补救措施后，仍给对方造成其他损失的，应当赔偿损失。

4.2.2 在本合同履行期限届满之前，因一方原因导致合同不能继续履行，另一方可在履行期限届满前解除合同并要求其承担相应的违约责任。

4.2.3 一方违约后，另一方应当采取适当的措施防止损失的扩大。如果该方没有采取适当的措施致使损失扩大的，则其不得就扩大的损失要求违约方承担赔偿责任。

4.3 不可抗力

4.3.1 如果发生不可抗力，双方首先应尽量调整交易和生产计划，尽可能使结算电量接近合同电量。若不可抗力的发生完全或部分地妨碍合同任一方履行本合同项下的任何义务，则该方可暂停履行其义务，但前提是：

暂停履行的范围和时间不超过消除不可抗力影响的合理需要；受不可抗力影响的一方应继续履行本合同项下未受不可抗力影响的其他义务，包括所有到期付款的义务。

4.3.2 受不可抗力影响的一方应采取合理的措施，以减少因不可抗力给对方带来的损失。如果受不可抗力影响的一方未能尽其努力采取合理措施减少不可抗力的影响，则该方应承担由此扩大的损失。

4.3.3 若合同一方因不可抗力而不能履行本合同，则该方应在不可抗力发生之日（如遇通信中断，则自通信恢复之日）起内书面通知另一方。该通知书应说明不可抗力的发生日期和预计持续的时间、事件性质、对该方履行本合同的影响、该方为减少不可抗力影响所采取的措施及由不可抗力发生地公证机构出具的证明文件。

5. 争议的解决

5.1 凡因执行本合同所发生的与本合同有关的一切争议，双方应协商解决，也可提请政府相关部门、能源监管机构调解。协商或调解不成的，合同双方可按以下两种方式处理：

（1）双方同意提请仲裁委员会，请求按照其仲裁规则进行仲裁。仲裁裁决是终局的，对双方均具有法律约束力。

（2）任何一方依法提请人民法院通过诉讼程序解决。

5.2　本合同中有关争议解决和保密的条款在本合同解除后仍然有效。

B.2　售电公司与电力用户零售合同（阶梯套餐）

售电公司与电力用户零售合同（阶梯套餐）模板如下。

套餐编号：　　　　　　　　　　　　　　　　合同编号：

售电公司与电力用户

零售合同

甲方（售电公司）：

乙方（电力用户）：

年　月　日

目　　录

售电公司与电力用户零售合同

售电公司与电力用户电力零售交易合同（以下简称本合同）由下列双方签署：

（1）售电方（售电公司，以下简称甲方）：________________，系一家具有法人资格的售电公司，企业所在地为（省、市、县（区）____________），在登记注册，统一社会信用代码：________，住所：________，法定代表人/授权代理人：姓名：________身份证号：________________联系方式：________。

甲方为符合××省售电公司直接交易准入条件的市场主体，在××电力交易中心有限公司（以下简称：电力交易中心）完成公示、承诺、注册、备案程序，具备开展电力直接交易的购售电资格，在电力交易中心注册登记的资产总额为万元，可从事年售电量最大为亿千瓦·时。

（2）购电方（电力用户，以下简称乙方）：________________，系一家具有法人资格/经法人单位授权的电力用户，所在地为：（省、市、县（区）________），在登记注册，统一社会信用代码：________，住所：________，法定代表人/授权代理人：姓名：________身份证号：________________联系方式：________。

1. 双方的权利和义务

1.1 甲方的权利包括：

1.1.1 要求乙方提供履行本合同义务相关的信息、资料，查询乙方用电曲线。

1.1.2 发生不可抗力、紧急情况时，甲方有权调整用电量计划。

1.2 甲方的义务包括：

1.2.1 按照国家有关法规、规定和技术规范，为乙方提供电力交易服务，参与电力市场交易并按规定结算。

1.2.2 向乙方提供真实准确的有关电力直接交易的相关信息及资料，不得提供虚假的或误导性的信息。

1.2.3 协助乙方申请办理电力交易有关手续。

1.2.4 发生紧急情况时，按照相关规定执行。

1.2.5 向乙方和电网企业提供与履行本合同相关的其他信息。

1.3 乙方的权利包括：

1.3.1　根据与电网企业签订的《供用电合同》，按照国家有关法规享受电网企业提供的有关接入和用电服务。

1.3.2　与甲方协商制定用电计划和设备维修计划。

1.3.3　获得甲方履行本合同义务相关的信息、资料。

1.4　乙方的义务包括：

1.4.1　按照国家有关法规、规定和技术规范，运行、维护有关用电设施，合理控制用电系统。

1.4.2　事先向甲方提供电力交易容量、电量及其他生产运行信息。

1.4.3　向甲方提供与履行本合同相关的其他信息。如实提供用户用电信息，配合甲方、电网企业及电力交易中心进行电力交易、电费结算、数据统计等工作。

1.4.4　按电力相关规定和《供用电合同》按时足额缴纳电费。

1.4.5　电力交易电量不得转供或变相转供。

1.4.6　发生紧急情况时，按照相关规定执行。

1.5　双方的权力包括：

任何一方未通过书面形式声明放弃其在本合同项下的任何权利，则不应被视为其弃权。

1.6　双方的义务包括：

甲、乙双方均应保证其从另一方取得的所有无法自公开渠道获得的资料和文件（包括财务、技术、价格等内容）予以保密。未经该资料和文件的原提供方同意，不得向任何第三方透露该资料和文件的全部或任何部分，但按照法律、法规规定可做出披露的情况除外。

2. 交易电量、电价

2.1　交易周期：本合同交易周期自___年___月___日至___年___月___日。

2.2　交易电量：乙方同意向甲方购买交易周期内的全部用电量。

2.3　交易电价：

交易周期内的全部用电量按照阶梯价格类进行交易，约定交易电价按以下方式处理：

将月度电量划分为<u>0～100 万千瓦·时、100 万～200 万千瓦·时、大于 200 万千瓦·时</u>3 个用电阶梯，每个阶梯内的零售价格相同。

各阶梯零售价格为：

[元/(千千瓦·时)]

0～100万千瓦·时	100万～200万千瓦·时	大于200万千瓦·时
388.8	388.3	387.8

2.4　偏差考核：

甲方对乙方的实际用电量与乙方的偏差基准电量进行偏差统计。

以电力零售用户购买的日总电量为基准值 Q。当用户实际用电量超出基准值时，6%以内的多用电量免于偏差考核，以外的多用电量按照其月度加权平均电能量价格的5%收取偏差考核费用；当用户实际用电量少于基准值时，2%以内的少用电量免于偏差考核，以外的少用电量按照其月度加权平均电能量价格的15%收取偏差考核费用。

3. 电能计量、电费结算和支付

3.1　电力交易涉及的电量计量点在乙方与电网企业签订的《供用电合同》中约定。

3.2　电力交易涉及的电能计量装置要求、电能计量装置校验要求和计量装置异常处理办法，按照《供用电合同》约定执行。

3.3　乙方计量装置具备分时电量计量条件的，电网企业抄表获取用户每天24小时各时段实际用电量。电力零售交易结算电量以此为结算依据。

乙方计量装置不具备分时电量计量条件的，电网企业按照用户尖峰、峰段、平段、谷段的用电量拟合计算用户各时段电量。电力零售交易结算电量以各时段电量为结算依据。

3.4　在结算周期内，乙方的电度电价（费）根据本合同约定的方式自动生成，功率因数、峰谷比调整、容量电费等仍由电网企业按照现行国家及××省的政策执行。

3.5　乙方按《供用电合同》约定交付用电电费，原有向电网企业缴交用电电费、计费方式以及结算流程均保持不变。

4. 合同解约

4.1　合同一方可选择按如下条款向另一方提出解约：

强制解约，违约金系数___%，违约金最小值___元，最大值___元。

解约提出方应及时向被解约方支付解约金。

4.2　违约的处理原则

4.2.1　违约方应承担支付违约金、继续履行合同和采取补救措施等责任。

在支付违约金、继续履约或者采取补救措施后，仍给对方造成其他损失的，应当赔偿损失。

4.3.2 在本合同履行期限届满之前，因一方原因导致合同不能继续履行，另一方可在履行期限届满前解除合同并要求其承担相应的违约责任。

4.3.3 一方违约后，另一方应当采取适当的措施防止损失的扩大。如果该方没有采取适当的措施致使损失扩大的，则其不得就扩大的损失要求违约方承担赔偿责任。

4.4 不可抗力

4.4.1 如果发生不可抗力，双方首先应尽量调整交易和生产计划，尽可能使结算电量接近合同电量。若不可抗力的发生完全或部分地妨碍合同任一方履行本合同项下的任何义务，则该方可暂停履行其义务，但前提是：

暂停履行的范围和时间不超过消除不可抗力影响的合理需要；受不可抗力影响的一方应继续履行本合同项下未受不可抗力影响的其他义务，包括所有到期付款的义务。

4.4.2 受不可抗力影响的一方应采取合理的措施，以减少因不可抗力给对方带来的损失。如果受不可抗力影响的一方未能尽其努力采取合理措施减少不可抗力的影响，则该方应承担由此扩大的损失。

4.4.3 若合同一方因不可抗力而不能履行本合同，则该方应在不可抗力发生之日（如遇通信中断，则自通信恢复之日）起内书面通知另一方。该通知书应说明不可抗力的发生日期和预计持续的时间、事件性质、对该方履行本合同的影响、该方为减少不可抗力影响所采取的措施及由不可抗力发生地公证机构出具的证明文件。

5. 争议的解决

5.1 凡因执行本合同所发生的与本合同有关的一切争议，双方应协商解决，也可提请政府相关部门、能源监管机构调解。协商或调解不成的，合同双方可按以下两种方式处理：

（1）双方同意提请仲裁委员会，请求按照其仲裁规则进行仲裁。仲裁裁决是终局的，对双方均具有法律约束力。

（2）任何一方依法提请人民法院通过诉讼程序解决。

5.2 本合同中有关争议解决和保密的条款在本合同解除后仍然有效。

B.3 售电公司与电力用户零售合同（市场费率类）

售电公司与电力用户零售合同（市场费率类）模板如下。

套餐编号：　　　　　　　　　　　　　　　　合同编号：

售电公司与电力用户
零售合同

甲方（售电公司）：

乙方（电力用户）：

年　月　日

目　　录

售电公司与电力用户零售合同

售电公司与电力用户电力零售交易合同（以下简称本合同）由下列双方签署：

（1）售电方（售电公司，以下简称甲方）：＿＿＿＿＿＿＿＿，系一家具有法人资格的售电公司，企业所在地为（省、市、县（区）＿＿＿＿），在登记注册，统一社会信用代码：＿＿＿＿，住所：＿＿＿＿，法定代表人/授权代理人：姓名：＿＿＿＿身份证号：＿＿＿＿＿＿＿＿联系方式：＿＿＿＿。

甲方为符合××省售电公司直接交易准入条件的市场主体，在××电力交易中心有限公司（以下简称：电力交易中心）完成公示、承诺、注册、备案程序，具备开展电力直接交易的购售电资格，在电力交易中心注册登记的资产总额为万元，可从事年售电量最大为亿千瓦·时。

（2）购电方（电力用户，以下简称乙方）：＿＿＿＿＿＿＿＿，系一家具有法人资格/经法人单位授权的电力用户，所在地为：（省、市、县（区）＿＿＿＿），在登记注册，统一社会信用代码：＿＿＿＿＿＿＿＿，住所：＿＿＿＿，法定代表人/授权代理人：姓名：＿＿＿＿身份证号：＿＿＿＿＿＿＿＿联系方式：＿＿＿＿。

1. 双方的权利和义务

1.1 甲方的权利包括：

1.1.1 要求乙方提供履行本合同义务相关的信息、资料，查询乙方用电曲线。

1.1.2 发生不可抗力、紧急情况时，甲方有权调整用电量计划。

1.2 甲方的义务包括：

1.2.1 按照国家有关法规、规定和技术规范，为乙方提供电力交易服务，参与电力市场交易并按规定结算。

1.2.2 向乙方提供真实准确的有关电力直接交易的相关信息及资料，不得提供虚假的或误导性的信息。

1.2.3 协助乙方申请办理电力交易有关手续。

1.2.4 发生紧急情况时，按照相关规定执行。

1.2.5 向乙方和电网企业提供与履行本合同相关的其他信息。

1.3 乙方的权利包括：

1.3.1 根据与电网企业签订的《供用电合同》，按照国家有关法规享受电网企业提供的有关接入和用电服务。

1.3.2 与甲方协商制定用电计划和设备维修计划。

1.3.3 获得甲方履行本合同义务相关的信息、资料。

1.4 乙方的义务包括：

1.4.1 按照国家有关法规、规定和技术规范，运行、维护有关用电设施，合理控制用电系统。

1.4.2 事先向甲方提供电力交易容量、电量及其他生产运行信息。

1.4.3 向甲方提供与履行本合同相关的其他信息。如实提供用户用电信息，配合甲方、电网企业及电力交易中心进行电力交易、电费结算、数据统计等工作。

1.4.4 按电力相关规定和《供用电合同》按时足额缴纳电费。

1.4.5 电力交易电量不得转供或变相转供。

1.4.6 发生紧急情况时，按照相关规定执行。

1.5 双方的权力包括：

任何一方未通过书面形式声明放弃其在本合同项下的任何权利，则不应被视为其弃权。

1.6 双方的义务包括：

甲、乙双方均应保证其从另一方取得的所有无法自公开渠道获得的资料和文件（包括财务、技术、价格等内容）予以保密。未经该资料和文件的原提供方同意，不得向任何第三方透露该资料和文件的全部或任何部分，但按照法律、法规规定可做出披露的情况除外。

2. 交易电量、电价

2.1 交易周期：本合同交易周期自___年___月___日至___年___月___日。

2.2 交易电量：乙方同意向甲方购买交易周期内的全部用电量。

2.3 交易电价：

以现货市场用户侧实时结算价格月度算术平均值作为基准价格交易周期内的全部用电量按照市场费率类进行交易，每月分时段交易电价按以下方式处理：

以现货市场用户侧实时结算价格月度算术平均值作为基准价格，价格调整系数 k 为115%，交易价格为 k 与基准价格的乘积。

2.4 偏差考核：

甲方对乙方的实际用电量与乙方的偏差基准电量进行偏差统计。

以电力零售用户购买的月度总电量为基准值 Q。当用户实际用电量超出基准值时，2 %以内的多用电量免于偏差考核，以外的多用电量按照其月度加权平均电能量价格的 5 %收取偏差考核费用；当用户实际用电量少于基准值时，2 %以内的少用电量免于偏差考核，以外的少用电量按照其月度加权平均电能量价格的 15 %收取偏差考核费用。

3. 电能计量、电费结算和支付

3.1 电力交易涉及的电量计量点在乙方与电网企业签订的《供用电合同》中约定。

3.2 电力交易涉及的电能计量装置要求、电能计量装置校验要求和计量装置异常处理办法，按照《供用电合同》约定执行。

3.3 乙方计量装置具备分时电量计量条件的，电网企业抄表获取用户每天 24 小时各时段实际用电量。电力零售交易结算电量以此为结算依据。

乙方计量装置不具备分时电量计量条件的，电网企业按照用户尖峰、峰段、平段、谷段的用电量拟合计算用户各时段电量。电力零售交易结算电量以各时段电量为结算依据。

3.4 在结算周期内，乙方的电度电价（费）根据本合同约定的方式自动生成，功率因数、峰谷比调整、容量电费等仍由电网企业按照现行国家及××省的政策执行。

3.5 乙方按《供用电合同》约定交付用电电费，原有向电网企业缴交用电电费、计费方式以及结算流程均保持不变。

4. 合同解约

4.1 合同一方可选择按如下条款向另一方提出解约：

强制解约，违约金系数___%，违约金最小值___元，最大值___元。

解约提出方应及时向被解约方支付解约金。

4.2 违约的处理原则

4.2.1 违约方应承担支付违约金、继续履行合同和采取补救措施等责任。在支付违约金、继续履约或者采取补救措施后，仍给对方造成其他损失的，应当赔偿损失。

4.3.2 在本合同履行期限届满之前，因一方原因导致合同不能继续履行，另一方可在履行期限届满前解除合同并要求其承担相应的违约责任。

4.3.3 一方违约后，另一方应当采取适当的措施防止损失的扩大。如果该方没有采取适当的措施致使损失扩大的，则其不得就扩大的损失要求违约方承担赔偿责任。

4.4　不可抗力

4.4.1　如果发生不可抗力，双方首先应尽量调整交易和生产计划，尽可能使结算电量接近合同电量。若不可抗力的发生完全或部分地妨碍合同任一方履行本合同项下的任何义务，则该方可暂停履行其义务，但前提是：

暂停履行的范围和时间不超过消除不可抗力影响的合理需要；受不可抗力影响的一方应继续履行本合同项下未受不可抗力影响的其他义务，包括所有到期付款的义务。

4.4.2　受不可抗力影响的一方应采取合理的措施，以减少因不可抗力给对方带来的损失。如果受不可抗力影响的一方未能尽其努力采取合理措施减少不可抗力的影响，则该方应承担由此扩大的损失。

4.4.3　若合同一方因不可抗力而不能履行本合同，则该方应在不可抗力发生之日（如遇通信中断，则自通信恢复之日）起内书面通知另一方。该通知书应说明不可抗力的发生日期和预计持续的时间、事件性质、对该方履行本合同的影响、该方为减少不可抗力影响所采取的措施及由不可抗力发生地公证机构出具的证明文件。

5. 争议的解决

5.1　凡因执行本合同所发生的与本合同有关的一切争议，双方应协商解决，也可提请政府相关部门、能源监管机构调解。协商或调解不成的，合同双方可按以下两种方式处理：

（1）双方同意提请仲裁委员会，请求按照其仲裁规则进行仲裁。仲裁裁决是终局的，对双方均具有法律约束力。

（2）任何一方依法提请人民法院通过诉讼程序解决。

5.2　本合同中有关争议解决和保密的条款在本合同解除后仍然有效。

B.4 售电公司与电力用户零售合同（混合类）

售电公司与电力用户零售合同（混合类）模板如下。

套餐编号：　　　　　　　　　　　　　　合同编号：

售电公司与电力用户

零售合同

甲方（售电公司）：

乙方（电力用户）：

年　月　日

目　　录

售电公司与电力用户零售合同

售电公司与电力用户电力零售交易合同（以下简称本合同）由下列双方签署：

（1）售电方（售电公司，以下简称甲方）：________________，系一家具有法人资格的售电公司，企业所在地为（省、市、县（区）____________），在登记注册，统一社会信用代码：________，住所：________，法定代表人/授权代理人：姓名：________身份证号：________________联系方式：________。

甲方为符合××省售电公司直接交易准入条件的市场主体，在××电力交易中心有限公司（以下简称：电力交易中心）完成公示、承诺、注册、备案程序，具备开展电力直接交易的购售电资格，在电力交易中心注册登记的资产总额为万元，可从事年售电量最大为亿千瓦·时。

（2）购电方（电力用户，以下简称乙方）：________，系一家具有法人资格/经法人单位授权的电力用户，所在地为：（省、市、县（区）____________），在登记注册，统一社会信用代码：________，住所：________，法定代表人/授权代理人：________姓名：________身份证号：________________联系方式：________。

1. 双方的权利和义务

1.1　甲方的权利包括：

1.1.1　要求乙方提供履行本合同义务相关的信息、资料，查询乙方用电曲线。

1.1.2　发生不可抗力、紧急情况时，甲方有权调整用电量计划。

1.2　甲方的义务包括：

1.2.1　按照国家有关法规、规定和技术规范，为乙方提供电力交易服务，参与电力市场交易并按规定结算。

1.2.2　向乙方提供真实准确的有关电力直接交易的相关信息及资料，不得提供虚假的或误导性的信息。

1.2.3　协助乙方申请办理电力交易有关手续。

1.2.4　发生紧急情况时，按照相关规定执行。

1.2.5　向乙方和电网企业提供与履行本合同相关的其他信息。

1.3　乙方的权利包括：

1.3.1　根据与电网企业签订的《供用电合同》，按照国家有关法规享受电网企业提供的有关接入和用电服务。

1.3.2　与甲方协商制定用电计划和设备维修计划。

1.3.3　获得甲方履行本合同义务相关的信息、资料。

1.4　乙方的义务包括：

1.4.1　按照国家有关法规、规定和技术规范，运行、维护有关用电设施，合理控制用电系统。

1.4.2　事先向甲方提供电力交易容量、电量及其他生产运行信息。

1.4.3　向甲方提供与履行本合同相关的其他信息。如实提供用户用电信息，配合甲方、电网企业及电力交易中心进行电力交易、电费结算、数据统计等工作。

1.4.4　按电力相关规定和《供用电合同》按时足额缴纳电费。

1.4.5　电力交易电量不得转供或变相转供。

1.4.6　发生紧急情况时，按照相关规定执行。

1.5　双方的权力包括：

任何一方未通过书面形式声明放弃其在本合同项下的任何权利，则不应被视为其弃权。

1.6　双方的义务包括：

甲、乙双方均应保证其从另一方取得的所有无法自公开渠道获得的资料和文件（包括财务、技术、价格等内容）予以保密。未经该资料和文件的原提供方同意，不得向任何第三方透露该资料和文件的全部或任何部分，但按照法律、法规规定可做出披露的情况除外。

2. 交易电量、电价

2.1　交易周期：本合同交易周期自___年___月___日至___年___月___日。

2.2　交易电量：乙方同意向甲方购买交易周期内的全部用电量。

2.3　交易电价：

交易周期内的全部用电量按照混合类进行交易，其中执行固定价格类部分电量所占比例为 80%。固定价格类部分按照交易周期内所有交易日、所有时段交易价格固定为 388.5 元/（兆瓦·时）（含税）。

市场费率类部分按照以下方式处理：

以现货市场用户侧日前结算价格月度算术平均值作为基准价格，价格调整

系数 k 为 120%，交易价格为 k 与基准价格的乘积。

2.4　偏差考核：

甲方对乙方的实际用电量与乙方的偏差基准电量进行偏差统计。

以电力零售用户购买的0、1、2、3、4、5、6、7、8、9、10、11、12、13、14、15、16、17、18、19、20、21、22、23、24时段月度总用电量为基准值 Q。当用户实际用电量超出基准值时，15%以内的多用电量免于偏差考核，以外的多用电量按照其月度加权平均电能量价格的10%收取偏差考核费用；当用户实际用电量少于基准值时，15%以内的少用电量免于偏差考核，以外的少用电量按照其月度加权平均电能量价格的12%收取偏差考核费用。

3. 电能计量、电费结算和支付

3.1　电力交易涉及的电量计量点在乙方与电网企业签订的《供用电合同》中约定。

3.2　电力交易涉及的电能计量装置要求、电能计量装置校验要求和计量装置异常处理办法，按照《供用电合同》约定执行。

3.3　乙方计量装置具备分时电量计量条件的，电网企业抄表获取用户每天24小时各时段实际用电量。电力零售交易结算电量以此为结算依据。

乙方计量装置不具备分时电量计量条件的，电网企业按照用户尖峰、峰段、平段、谷段的用电量拟合计算用户各时段电量。电力零售交易结算电量以各时段电量为结算依据。

3.4　在结算周期内，乙方的电度电价（费）根据本合同约定的方式自动生成，功率因数、峰谷比调整、容量电费等仍由电网企业按照现行国家及××省的政策执行。

3.5　乙方按《供用电合同》约定交付用电电费，原有向电网企业缴交用电电费、计费方式以及结算流程均保持不变。

4. 合同解约

4.1　合同一方可选择按如下条款向另一方提出解约：

强制解约，违约金系数___%，违约金最小值__元，最大值__元。

解约提出方应及时向被解约方支付解约金。

4.2　违约的处理原则

4.2.1　违约方应承担支付违约金、继续履行合同和采取补救措施等责任。在支付违约金、继续履约或者采取补救措施后，仍给对方造成其他损失的，应当赔偿损失。

4.3.2　在本合同履行期限届满之前，因一方原因导致合同不能继续履行，另一方可在履行期限届满前解除合同并要求其承担相应的违约责任。

4.3.3　一方违约后，另一方应当采取适当的措施防止损失的扩大。如果该方没有采取适当的措施致使损失扩大的，则其不得就扩大的损失要求违约方承担赔偿责任。

4.4　不可抗力

4.4.1　如果发生不可抗力，双方首先应尽量调整交易和生产计划，尽可能使结算电量接近合同电量。若不可抗力的发生完全或部分地妨碍合同任一方履行本合同项下的任何义务，则该方可暂停履行其义务，但前提是：

暂停履行的范围和时间不超过消除不可抗力影响的合理需要；受不可抗力影响的一方应继续履行本合同项下未受不可抗力影响的其他义务，包括所有到期付款的义务。

4.4.2　受不可抗力影响的一方应采取合理的措施，以减少因不可抗力给对方带来的损失。如果受不可抗力影响的一方未能尽其努力采取合理措施减少不可抗力的影响，则该方应承担由此扩大的损失。

4.4.3　若合同一方因不可抗力而不能履行本合同，则该方应在不可抗力发生之日（如遇通信中断，则自通信恢复之日）起内书面通知另一方。该通知书应说明不可抗力的发生日期和预计持续的时间、事件性质、对该方履行本合同的影响、该方为减少不可抗力影响所采取的措施及由不可抗力发生地公证机构出具的证明文件。

5. 争议的解决

5.1　凡因执行本合同所发生的与本合同有关的一切争议，双方应协商解决，也可提请政府相关部门、能源监管机构调解。协商或调解不成的，合同双方可按以下两种方式处理：

（1）双方同意提请仲裁委员会，请求按照其仲裁规则进行仲裁。仲裁裁决是终局的，对双方均具有法律约束力。

（2）任何一方依法提请人民法院通过诉讼程序解决。

5.2　本合同中有关争议解决和保密的条款在本合同解除后仍然有效。

参 考 文 献

[1] 刘秋华，韩愈. 电力市场运营模式与市场结构研究[J]. 商业研究，2006，(13)：121－124.

[2] National Renewable Energy Labortory.integrating variable renewable energy in electric power markets：Best practices from international experience，summary for policymakers [M]. BiblioGov，2012.

[3] 王峥，刘创华，魏珍，袁世强，袁中琛，王瑶，陈少功. 基于叠加定理和 Aumann－Shapley 法的发电权交易网损分摊 [J]. 电力系统保护与控制，2014，42（02）：13－22.

[4] 张粒子，郑华. 区域电力市场电价机制 [M]. 北京：中国电力出版社，2004.

[5] 宋永华，包铭磊，丁一，等. 新电改下我国电力现货市场建设关键要点综述及相关建议 [J]. 中国电机工程学报，2020，40（10）：3172－3187.

[6] 张显，史连军. 中国电力市场未来研究方向及关键技术 [J]. 电力系统自动化，2020，44（16）：1－11.

[7] 蔡威杰. 基于金融输电权的输电网扩展投资决策研究 [D]. 长沙理工大学，2019.

[8] 王皓月. 计及辅助服务的消纳风电供热经济性研究 [D]. 华北电力大学，2019.

[9] 谢开. 美国电力市场运行与监管实例分析 [M]. 北京：中国电力出版社，2017.

[10] 张小平，李佳宁，付灏. 英国电力零售市场的改革与挑战[J]. 电力系统自动化，2016，40（11）：10－16.

[11] 李奎刚. 从北欧模式看我国电力现货发展路径 [J]. 办公室业务，2019（16）：48－49.

[12] Jacopo Torriti，Mohanmed Hasson，Matthew Leach. Demand response experience in Europe：Policies，programs and implementation [J]. Energy，2010，34（4）：1575－1583.

[13] 周明，严宇，丁琪，武昭原，贺宜恒，龙苏岩.国外典型电力市场交易结算机制及对中国的启示 [J]. 电力系统自动化，2017，41（20）：1－8+150.

[14] 袁健. 国外电力市场结构模式比较与借鉴 [D]. 山东大学，2014.

[15] 宋永华，包铭磊，丁一，邵常政，尚楠. 新电改下我国电力现货市场建设关键要点综述及相关建议 [J]. 中国电机工程学报，2020，40（10）：3172－3187.

[16] 邹鹏，陈启鑫，夏清，何畅，葛睿. 国外电力现货市场建设的逻辑分析及对中国的启示与建议 [J]. 电力系统自动化，2014，38（13）：18－27.

[17] 国网能源研究院有限公司. 2020 国内外电力市场化改革分析报告 [M]. 北京：中国电力出版社，2020.

［18］ 罗钢，王浩浩，赵雯. 广东电力现货结算试运行实践［J］. 能源，2019（08）：30－33.

［19］ 陈中飞，于鹏，白杨，张轩，赵越，张兰. 南方（以广东起步）电力现货市场试运行分析体系与实例［J］. 电力系统自动化，2021，45（06）：186－194.

［20］ 王勇，游大宁，房光华，张国强，王进，匡洪辉. 山东电力现货市场机制设计与试运行分析［J］. 中国电力，2020，53（09）：38－46.

［21］ 韩彬，燕京华，孙振，丁强，许丹，宋少群，程鑫. 福建电力现货市场初期模式探析［J］. 电力系统自动化，2021，45（07）：170－175.

［22］ 朱峰，刘力涵. 电力现货市场首批试点地区建设情况分析［J］. 电力需求侧管理，2021，23（02）：74－78+94.

［23］ 王一，朱涛，张玉欣，卢恩，陈新宇，文劲宇. 适应中国电力现货市场发展的容量补偿机制初探［J］. 电力系统自动化，2021，45（06）：52－61.

［24］ 孙海鹏. 电力现货市场结算规则研究与探讨［J］. 中国产经，2020（16）：103－104.

［25］ 陈中元，林哲敏，何川，钱寒晗，张智，林振智，文福拴. 电力中长期交易中的合同电量偏差考核机制［J］. 电力科学与技术学报，2020，35（01）：31－39.

［26］ 杨威，曾智健，姚星安，段翩，杨柳，吴敬慧，龚学良，刘嘉逊，李凯欣，张杰. 电力现货市场分区结算方法比较研究——基于节点电价的分析［J］. 价格理论与实践，2020（01）：78－81+178.

［27］ 丁心海. 电力市场竞价交易结算价格机制研究［J］. 华中电力，2005（01）：21－24+36.

［28］ 陈文福，王颖，林晔，王权. 电力市场交易结算机制研究［J］. 中国市场，2020（14）：66－67.

［29］ 袁晓鹏，申少辉，张光明，王海宁，汪涛. 区块链技术在电力零售市场管理中的应用研究［J］. 电力信息与通信技术，2020，18（06）：54－61.

［30］ 侯佳萱. 面向需求侧主动响应的电力套餐和偏差考核机制设计［D］. 浙江大学，2020.

［31］ 李竹，赵博石，延星. 跨区跨省电力交易中的偏差电量分析与基于虚拟分时电价的偏差电量处理方法［J］. 电力建设，2016，37（07）：40－46.

［32］ 陈中元，林哲敏，何川，钱寒晗，张智，林振智，文福拴. 电力中长期交易中的合同电量偏差考核机制［J］. 电力科学与技术学报，2020，35（01）：31－39.

［33］ 马佳乐，谭忠富，喻小宝，谭清坤，德格吉日夫，赵蕊. 计及实时电量交易的售电公司日偏差电量考核优化模型［J］. 电力建设，2019，40（02）：11－19.

［34］ 胡永江. 电力交易系统的设计与实现［D］. 西安电子科技大学，2017.

[35] 蔡宇，肖艳炜，张国芳，昌力，许洪强，常乃超. 省级电力现货市场技术支持系统技术架构设计 [J]. 电力系统自动化，2021，45（06）：176-185.

[36] 赵飞. 某省级电力市场中长期交易算法仿真实现 [D]. 大连理工大学，2019.

[37] 黄龙达，杨争林，庄卫金，邵平，孙鹏，徐攀. 电力“中长期+现货”市场全业务支撑平台关键技术研究 [J]. 电网技术，2020，44（11）：4156-4163.